Début d'une série de documents
en couleur

COUVERTURES SUPERIEURE ET INFERIEURE D'IMPRIMEUR.

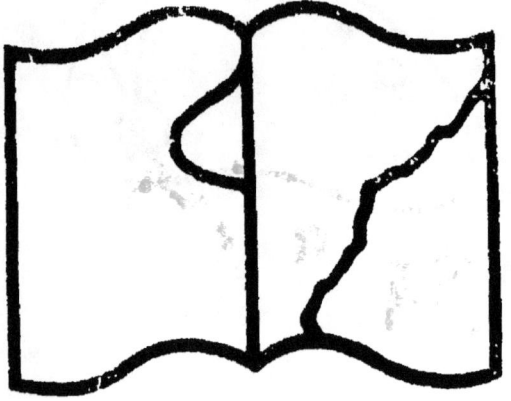

Texte détérioré — reliure défectueuse
NF Z 43-120-11

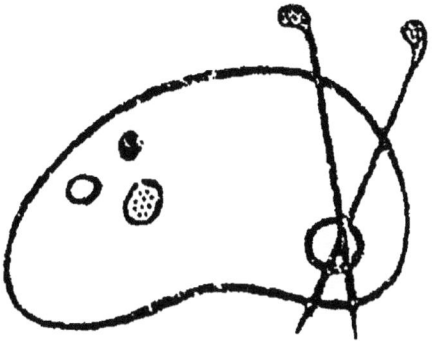

Fin d'une série de documents
en couleur

LES PIONNIERS.

GRAND IN-8°. — 5ᵐᵉ SÉRIE.

Propriété des Editeurs.

F. F. Ardant Frères

J. FENIMORE COOPER

LES PIONNIERS

OU

LES SOURCES DE LA SUSQUEHANNA

TRADUCTION NOUVELLE

PAR AMÉDÉE CHAILLOT,

Traducteur des Ouvrages de Walter Scott, Silvio Pellico, Manzoni, etc.

LIMOGES
F. F. ARDANT FRÈRES,
Avenue du Midi, 11.

PARIS
F. F. ARDANT FRÈRES
Quai du Marche-Neuf, 4.

LES PIONNIERS.

I

Vers le centre du grand État de New-York s'étend un vaste district dont la surface est une succession de collines et de vallées. C'est dans ces montagnes, (pour parler le langage géographique) que la Delaware prend sa source, que la magnifique Susquehanna se forme de la réunion des eaux issues de lacs limpides et de ruisseaux onduleux, et devient ce superbe fleuve, un des plus beaux courants dont les États-Unis puissent se glorifier. Il y a cinquante ans à peine que cette région fertile et bien cultivée, où chaque vallon a un cours d'eau, où chaque cours d'eau est bordé de villes et de villages, n'était qu'un désert, que des aventuriers, connus sous le nom de Pionniers, défrichaient péniblement.

Notre récit commence en 1793, dix ans après la reconnaissance de l'Indépendance des États-Unis, sept ans après la fondation des premiers établissements qui changèrent la face de ce pays dont la population ne dépassait pas alors deux cent mille âmes.

Sur le soir d'une claire et froide journée de décembre, peu de temps avant le coucher du soleil, un traîneau montait péniblement une colline. La neige couvrait la terre, quelques légers nuages flottaient dans un ciel pur. La route soutenue par des pilotis de bois du côté d'un précipice qu'elle longeait, et élargie du côté de la montagne par des excavations, était à peine assez large pour donner passage au traîneau. Au fond du vallon, à deux cents pieds en contre-bas, on apercevait un abattis (*Clearing* en langage du pays) et les premiers travaux d'un établissement qui se créait. Quelques terrains étaient défrichés sur les flancs de la montagne, mais le sommet était encore couvert de bois.

L'air était froid, le givre se déposait sur les harnais des chevaux dont les naseaux lançaient des jets de vapeur semblables à de la fumée. Les voyageurs étaient enveloppés de chauds vêtements. L'équipage était conduit par un nègre de vingt ans, dont le visage avait, grâce à la température, une teinte grisâtre, et dont les grands yeux versaient des larmes, excitées non par la douleur mais par le froid, car sa figure avait un air riant à l'idée de rentrer à la maison, de s'asseoir devant un bon feu et de prendre part aux réjouissances du jour de Noël.

Le traîneau, quoique assez grand pour contenir une famille, ne portait que deux voyageurs. L'un était un homme d'un âge moyen, dont la physionomie mâle et les yeux bleus exprimaient la gaieté, la bienveillance et une intelligence au-dessus de l'ordinaire, quoiqu'on distinguât à peine ses traits au milieu des fourrures dont sa tête et son corps étaient environnés. A côté de lui était une femme enveloppée aussi de vêtements fourrés qui n'étaient pas faits pour son sexe. On ne voyait que ses yeux noirs à travers l'ouverture laissée dans un capuchon de soie noire ouatée qui lui couvrait toute la tête. Ces deux personnages étaient le père et la fille : tous deux gardaient le silence. Le père pensait à sa femme qu'il avait perdue depuis quatre ans et qui peu de mois auparavant ne s'était séparée qu'avec peine de sa fille que le père avait voulu faire élever à New-York, d'où il la ramenait. Celle-ci avait des pensées moins mélancoliques et se plaisait à voir les changements de perspectives qui se faisaient à chaque détour de la route.

La montagne était couverte de pins de soixante à quatre-vingts pieds de hauteur ; à travers leurs branches horizontales, le vent, tout faible qu'il était, faisait entendre un murmure plaintif. On avait atteint le sommet de la montagne : la jeune fille jetait des regards timides et scrutateurs dans les profondeurs de la forêt, lorsque les aboiements d'un chien se firent entendre tout à coup.

— Halte, Agamemnon! dit le maître au noir cocher, j'entends la voix du vieil Hector. Bas-de-Cuir aura profité de ce beau jour pour chasser dans ces bois, et la meute aura dépisté un daim.

Le cocher s'arrêta avec plaisir, mit pied à terre, et s'échauffa en battant son corps de ses bras en croix. Le voyageur prit dans le traîneau un fusil double et, au moment où le daim passa comme un trait, il déchargea sur lui ses deux coups, sans que l'animal s'arrêtât. La jeune fille en parut charmée, lorsqu'une troisième explosion se fit entendre. Le daim fit un bond prodigieux, et un quatrième coup l'envoya rouler sur le sol. A l'instant on vit paraître deux hommes accompagnés de deux chiens.

— C'est vous, Nathaniel? dit le voyageur; si j'avais su que vous fussiez à l'affût, je n'aurais pas tiré. C'est la voix d'Hector qui m'a donné cette fantaisie. Cependant je ne crois pas avoir touché la bête.

— Vous avez raison, monsieur le juge, dit le chasseur avec un sourire malin. Ce n'est pas avec un joujou comme votre fusil qu'on tue les daims; c'est bon pour les faisans et les rouges-gorges.

— L'un de mes canons était chargé de chevrotines et l'autre de menu plomb, dit le juge qui s'appelait Marmaduke-Temple. L'animal a deux blessures, l'une au cou, l'autre au cœur; rien ne prouve que je n'aie pas fait l'une des deux.

— D'abord, la bête est faite pour être mangée, dit le chasseur, et tirant un large coutelas d'un fourreau de cuir, il lui coupa la gorge. Puis il ajouta d'une voix basse et sombre : Le daim n'est tombé qu'au dernier coup : reste à savoir qui l'a tiré. Pour moi, je ne renoncerai jamais à défendre mon droit; nous sommes en pays libre, quoique ici ce soit souvent le plus fort qui l'emporte, comme dans le vieux monde.

Marmaduke-Temple lui répondit sans humeur : — Je ne vous dispute cette pièce que pour l'honneur; elle ne vaut que quelques dollars; mais la gloire d'attacher une queue de daim à mon bonnet est pour moi sans prix.

— Le gibier devient bien rare, dit Nathaniel. Vos abattis et vos défrichements l'ont mis en fuite. Le temps est passé où je tirais les daims et les biches sans sortir de ma cabane. Voyez mon vieil Hector, dit-il en caressant son chien avec affection, il a été mordu par les loups en défendant la venaison que je faisais boucaner dans ma cheminée ; il n'oublie jamais un ami, et il aime la main qui lui donne du pain.

L'originalité du vieux chasseur attira l'attention de la jeune demoiselle. Il était grand, sa tête qui n'avait que quelques cheveux gris était couverte d'un bonnet de peau de renard; sa figure amaigrie, mais respirant la santé, recevait du froid et du hâle une teinte rouge uniforme. Son habit était de peau de daim, serré à la taille par une ceinture de laine. Des moccassins, garnis de dards de porc-épic à la mode des Indiens, formaient sa chaussure. Ses cuisses et ses jambes étaient protégées par des culottes et de longues guêtres de peau, ce qui lui avait valu le surnom de Bas-de-Cuir. Il s'occupa à recharger sa carabine qui était plus grande que lui.

— Nathaniel, dit Marmaduke-Temple, je suis tenté de m'attribuer la mort du daim.

— Monsieur le juge, répondit Bas-de-Cuir, je crois que nous n'en avons le mérite ni vous ni moi, et qu'il appartient tout entier à mon jeune compagnon.

— Vous l'avez dit, dit le jeune inconnu avec un peu de hauteur, c'est moi qui l'ai tué.

— Vous êtes deux contre moi, dit le juge en souriant; vous avez la majorité; mon nègre est esclave, ma fille Elisabeth est mineure; ils ne peuvent ester en justice. Eh! bien, vendez-moi la bête, et je ferai croire que je l'ai tuée.

— Un moment, dit le jeune homme avec une fermeté respectueuse; établissons d'abord votre droit. Combien aviez-vous mis de chevrotines dans votre fusil?

— Cinq, dit le juge.

— Eh! bien! en voilà quatre logées dans le tronc de ce pin.

— Où est la cinquième? dit le juge.

— Ici, dit le jeune homme, en découvrant, sous son grossier surtout, son habit percé d'un trou d'où sortaient de larges gouttes de sang.

— Dieu! s'écria le juge, je disputais pour une vétille, tandis qu'un de mes semblables souffrait sans mot dire, et que j'en étais la cause. Vite, mon ami; monte dans mon traîneau et galopons au village, où tu auras un chirurgien pour te soigner et ma maison pour demeurer jusqu'à ce que tu sois guéri.

— Je vous remercie; la blessure n'a rien de dangereux, et j'ai un ami qui serait inquiet de moi, s'il me savait blessé loin de lui. J'espère que vous reconnaissez mon droit sur ce gibier.

— Sans doute, et je te donne le droit de chasse dans mes bois à perpétuité, comme je l'ai donné à Nathaniel Bumppo. Mais je veux acheter ton daim, voilà un billet de cent dollars.

Le jeune homme hésita en rougissant. Alors la jeune demoiselle, écartant son capuchon, lui dit : — Mon père se reprocherait de laisser dans ce lieu désert un homme qu'il a blessé. Je vous conjure de venir recevoir chez nous les soins d'un chirurgien.

Le jeune homme restait indécis; le juge le prit par la main et l'amenant doucement vers le traîneau, il le pressa d'y entrer, en lui disant que Nathaniel se chargerait de donner de ses nouvelles à son ami. Nathaniel joignit ses sollicitations à celles du juge, et le jeune homme se décida enfin à prendre place dans le traîneau. Ce fut en vain qu'on engagea Bas-de-Cuir à en faire autant. — Non, non, dit-il, j'ai de l'ouvrage chez moi cette veille de Noël. Une fois la balle extraite, je vous indiquerai des herbes qui guériront la blessure plus vite que toutes les graines étrangères. Si vous rencontrez John l'indien au bord du lac, emmenez-le avec vous, il donnera un coup de main au docteur, car il se connaît en blessures, et il ne sera pas de trop pour passer la Noël avec nous.

— Un moment, dit le jeune homme au cocher; Nathaniel, il n'est pas besoin de dire où je vais et pourquoi je m'absente.

— Suffit! dit Bas-de-cuir, je n'ai pas vécu cinquante ans parmi les sauvages sans avoir appris d'eux à retenir ma langue. Tout en parlant, il avait les yeux fixés sur le haut d'un pin; il met en joue, tire, et une perdrix rouge tombe si lourdement, qu'elle s'enfonce dans la neige. Le vieux chasseur la ramasse, l'offre au juge qui l'accepte, et après avoir répété sa recommandation au sujet de John l'indien, qui possède des secrets merveilleux, il s'enfonce d'un pas rapide dans la forêt, suivi de ses deux chiens, et bientôt il fut hors de la vue.

II

Le juge Marmaduke-Temple descendait d'un émigré anglais, venu d'Amérique avec Guillaume Penn, environ 120 ans avant le commencement de notre histoire, et il était quaker comme lui. Ses descendants ne surent pas conserver la fortune qu'il avait apportée, et Marmaduke aurait végété toute sa vie, sans l'amitié d'un jeune homme, son camarade de pension à New-York. Édouard Effingham était fils du major Effingham, qui, voulant se livrer tout entier aux soins du gouvernement et de la défense de la patrie, avait de bonne heure fait donation de son bien à son fils, dont les qualités justifiaient cette confiance. On ne lui reprochait qu'un peu d'insolence et d'étourderie.

Le premier soin d'Édourd fut d'offrir à son ami Marmaduke une commandite. Le nom d'Effingham ne devait pas paraître dans la société, pour ménager les préjugés du major, qui était antipathique au commerce et aux quakers. Les opérations commerciales rapportaient d'immenses bénéfices, lorsque la révolution des États-Unis éclata. Marmaduke, quaker de cœur, embrassa avec ardeur la cause populaire ; Édouard Effingham au contraire entra dans les troupes royales et parvint au grade de colonel. En entrant en campagne, il confia à son ami ses papiers et ses effets les plus précieux. Lorsque la confiscation des biens des royalistes eut lieu, Marmaduke ne craignit pas d'en acheter beaucoup, bravant le blâme de ses co-religionnaires. Il quitta alors le commerce, se livra aux défrichements, acquit une grande fortune, dont on oublia bientôt l'origine, devint un des plus riches propriétaires du pays, et en fut nommé juge, c'est-à-dire premier magistrat, lorsque ce district fut érigé en comté. A cette époque les juges n'avaient pas besoin d'avoir étudié les lois, et malgré cela Marmaduke s'était fait une réputation d'équité parmi tous ses collègues.

Nous terminons ici cette courte exposition de l'histoire et du caractère de nos personnages, que nous allons laisser agir et parler eux-mêmes.

III

Marmaduke-Temple, un peu remis de ses émotions, considéra le jeune homme, qui paraissait avoir quelques vingt-deux ou vingt-trois ans, et sur le visage de qui se peignait une certaine inquiétude.

— Ta figure ne me semble pas inconnue, dit le juge, et cependant je ne puis dire ton nom.

— Je ne suis ici que depuis trois semaines, dit froidement le jeune homme, et on a dit que vous étiez absent depuis plus longtemps.

En ce moment le traîneau avait achevé de traverser le plateau de la montagne, et allait descendre dans la vallée; lorsque le juge aperçut au fond sa maison et son village, il s'écria! — Regarde, Elisabeth! voilà ton séjour pour la vie! et le tien aussi, jeune homme, si tu voulais rester avec nous!

A ces mots, les deux personnes qui l'écoutaient échangèrent un regard; le visage de la jeune fille rougit légèrement sans perdre son expression de froideur, et celui du jeune homme n'exprima aucune inclination à se rendre à l'invitation du quaker.

La nature du paysage qu'ils avaient sous les yeux était faite pour échauffer un cœur moins tendre que celui du quaker. La route taillée dans les flancs abruptes de la montagne demandait de grandes précautions à la descente. Le fond de la vallée formait une plaine entourée presque de toutes parts de hauteurs, en partie cultivées, en partie couvertes de bouleaux, d'érables et d'arbres verts. Au centre on voyait un vaste lac dont la surface était en ce moment glacée, mais dont le trop plein formait une rivière au cours impétueux, sur les bords de laquelle avait été bâti le village de Templeton. Cette cité naissante se composait de cinquante maisons en bois, peintes, les unes en blanc à la céruse, les autres en rouge. Les rues étaient alignées avec soin. Six maisons se faisaient distinguer parmi toutes les autres par leur badigeon blanc, et leurs volets verts. C'étaient les habitations de l'aristocratie de Templeton, dont Marmaduke était le chef, savoir : deux jeunes gens ayant étudié le droit, deux négociants, et un médecin, plus occupé à présider à la naissance qu'à la mort des habitants.

La maison de Marmaduke-Temple dominait toutes les autres ; les arbres dont elle était entourée étaient les plus vieux du pays, et sa principale entrée donnait sur la Grande-Rue. Elle avait été bâtie sous la direction de M. Richard Jones, cousin-germain du juge, chasseur maladroit, habile dans les petites choses, désireux de faire valoir ses talents, et investi de la confiance du magistrat pour la surintendance de ses affaires. Richard s'aidait des conseils d'Hiram Doolittle, ouvrier nomade, qui lui en imposait par quelques connaissances superficielles en architecture. Tant bien que mal, ces deux associés firent bâtir une maison en pierres, grande et commode, qu'on décora du nom de château, mais qui était gâtée par des ornements de mauvais goût, et surmontée du toit le plus disgracieux du monde. Telle quelle, cette habitation servit de modèle à toutes les autres. Les plantations d'arbres que le juge y fit cachèrent en partie ses défauts, et la jeune fille, en l'apercevant de loin, après cinq ans d'absence, éprouva un sentiment de satisfaction, où les souvenirs d'enfance, entraient pour une forte part. Le jeune chasseur, après avoir jeté un coup-d'œil charmé sur le paysage, s'enveloppa de nouveau de son surtout.

Tout à coup l'attention des voyageurs fut attirée par le tement des sonnettes d'un traîneau; mais les buissons qui bordaient la route ne permirent de voir ceux qu'il portait que lorsqu'il fut tout près.

Pionniers.

IV

Les doutes au sujet des personnes qui arrivaient furent bientôt dissipés. Le traîneau, monté par quatre hommes et tiré par quatre chevaux robustes, dont les harnais étaient entièrement couverts de grelots, venait en sens contraire de celui de nos voyageurs. Un petit homme, qui n'était autre que le cousin Richard Jones, guidait l'équipage sur le bords des précipices avec des yeux sûrs et une main ferme. Les trois autres personnages étaient le major Hartmann, grand, maigre et pâle, l'épicier français Le Quoi, solide et 'rapu, et le ministre Grant, à la physionomie douce et un peu mélancolique, aux habits noirs soigneusement brossés, mais un peu rapés et insuffisants pour garantir du froid.

Lorsque les deux traîneaux se rencontrèrent, les voyageurs de montée souhaitèrent la bienvenue à ceux de descente, et le juge Marmaduke remercia affectueusement ses amis de leur empressement à venir au-devant de lui. Il s'agissait maintenant pour

Richard de faire retourner son traîneau ; il ne pouvait le faire qu'en le conduisant jusqu'au sommet de la montagne, ou en profitant d'une excavation latérale à la route, d'où l'on extrayait des pierres. Le juge conseilla de dételer les chevaux de devant, mais Richard dédaigna ce sage conseil. Il fit entrer ces chevaux de devant dans la carrière, mais dès qu'ils se sentirent enfoncer dans une épaisse couche de neige ils reculèrent sur ceux de derrière ; ceux-ci reculèrent à leur tour et firent rétrograder le traîneau en travers de la route. Avant que Richard s'aperçût du danger, la moitié du véhicule était suspendue au dessus d'un précipice de cent pieds de profondeur. M. Le Quoi, à qui sa position faisait mieux voir le danger se pencha instinctivement du côté de la route en s'écriant : — Mon Dieu, M. Richard, que faites-vous?

— Mille tonnerres ! cria le major allemand sortant de son flegme habituel, vous allez briser le traîneau et faire tuer les chevaux !

— De la prudence, mon bon monsieur, dit le ministre.

— Avancez donc, diables incarnés ! criait Richard en se démenant sur son siège.

— Miséricorde ! s'écria le juge, ils vont tous périr !

Elizabeth poussa un cri perçant, et le noir lui-même changea de couleur. Le jeune homme sauta à bas du traîneau de M. Temple, il saisit les traits des chevaux de devant, que M. Richard exaspérait par ses cris et ses coups de fouet, et qui étaient au bord même du précipice. Il les ramena sur la route par une vigoureuse secousse, mais dans ce mouvement le traîneau se renversa, et l'Allemand fut jeté sur la chaussée avec le ministre. M. Le Quoi sauta et tomba dans la neige la tête la première, et M. Richard décrivit en l'air un demi-cercle dont les rênes formaient le rayon. Il ne les lâcha pas, s'y cramponna comme à une ancre de salut, et tomba dans la couche de neige où les chevaux avaient refusé de s'aventurer.

— Singulier moyen de décharger votre voiture, M. Richard, dit le major qui n'avait pas perdu son sang-froid et qui s'était relevé le premier.

Le ministre restait à genoux, remerciant le ciel de l'avoir sauvé, et jetant un coup-d'œil inquiet sur ses compagnons. Richard d'abord troublé, mais rassuré en voyant que personne n'était blessé, se vantait d'avoir sauvé l'équipage par un vigoureux coup de fouet.

— Vante-toi bien, dit le juge d'un ton ironique; sans ce jeune homme, toi et tes chevaux, ou plutôt les miens, vous seriez en mille pièces, mais où est M. Le Quoi?

— Au secours, mes amis! criait une voix étouffée. Cette voix qui semblait sortir de la tombe était celle de M. Le Quoi, dont on ne voyait que les jambes, qui s'agitaient comme un télégraphe, le haut de son corps étant profondément enfoncé dans la neige. Ce ne fut pas sans peine qu'on le tira de sa prison, mais dès qu'il fut sur pied, il recouvra sa bonne humeur.

— Allons, messieurs, dit Marmaduke en jetant sur la neige le daim et divers paquets, voici des places pour vous. La soirée est terriblement froide, hâtons-nous de gagner le coin du feu. Le ministre sera bientôt obligé d'officier, partons. Mon cousin Richard se chargera de mes paquets et du produit de ma chasse avec l'aide de mon nègre. Agamemnon, ce soir tu recevras une visite de saint Nicolas.

Le nègre devina que son maître voulait acheter son silence, et sa discrétion ne tarda pas à être mise à l'épreuve. Richard resté seul avec Agamemnon voulut savoir si c'était bien son cousin Marmaduke qui avait tué le daim. Le nègre affirma que c'était lui. — Qui est ce jeune homme que j'ai vu dans le traineau? demanda alors Richard. Agamemnon répondit qu'on l'avait rencontré au haut de la montagne, sans en dire davantage.

— Ce jeune homme a l'air modeste, dit Richard, je le protégerai s'il se conduit bien. Il paraît être colporteur. Avait-il un paquet et une hache?

— Non, monsieur, il avait un fusil.

— Un fusil! c'est lui qui a tué le daim! avoue-le,

Agamemnon ; je le devine dans tes yeux, et le juge l'a acheté, n'est-ce pas ?

Le nègre n'osa pas confesser la vérité, de peur de ne rien trouver dans le soulier de saint Nicolas. Il se contenta de répondre : — Vous oubliez que le daim a reçu deux coups de feu.

— Ne mens pas, coquin ! dit Richard en levant son fouet.

Les scrupules religieux du quaker-juge l'empêchant de tenir un homme dans l'esclavage, Agamemnon était de fait l'esclave de Richard, qui, suivant l'usage de cette époque, le possédait pour un temps limité, avec promesse d'affranchissement. Le jeune nègre craignant la colère de son véritable maître lui avoua tout, en le suppliant de le protéger contre le mécontentement de M. Temple.

— Compte sur moi, mon enfant, et ne dis rien. Je feindrai d'abord de ne rien savoir et j'arrangerai Marmaduke de la bonne façon, après l'avoir bien laissé débiter en fanfaronnades.

En disant ces mots il lança les chevaux au galop, et en entrant dans le village, il déploya tout son talent de conducteur pour exciter l'admiration des femmes et des enfants que le bruit des grelots et le claquement du fouet attiraient aux fenêtres, pour être témoins de l'arrivée de leur magistrat et de sa fille.

V

Après avoir tourné le long du flanc de la montagne, la route, dont la pente s'adoucissait, arrivait à un pont grossier jeté sur la rivière rapide, qui est une des nombreuses sources de la Susquehanna. Ce fut là que le traîneau de Richard atteignit celui du juge dont la marche était plus lente. Le jour finissait; les bûcherons rentraient chez eux la hache sur l'épaule, et saluaient en passant. Les grelots de M. Richard Jones avaient donné l'éveil dans la maison de Marmaduke-Temple; trois servantes et un domestique mâle parurent à la grande porte qui ouvrait sur le portique. Ce dernier, qui avait endossé ses habits des grands jours de fêtes, vaut la peine d'être décrit. Sa taille n'avait pas cinq pieds, mais son corps avait la carrure d'un grenadier, il se rapetissait encore en se penchant en avant, avec ses bras ballants. Il avait le teint rouge-brun, le nez en l'air, les yeux bleus et souverainement dédaigneux; une longue queue lui battait le milieu du dos; un habit à longs pans, une veste et des culottes de peluche rouge fanée, et des bas chinés bleus, complétaient son extérieur. Né dans le voisinage des mines de Cornouailles en Angleterre, et ensuite victime de la presse, embarqué comme mousse, il était monté de l'emploi de domestique à celui de maître-d'hôtel du Capitaine, grâce à quelque habileté dans l'art culinaire dont il était fier; il avait touché à tous les ports du monde, mais il ne connaissait pas plus les hommes que s'il n'avait jamais quitté le comté de Cornouailles. Congédié à la paix de 1783, il vint en Amérique, où il entra au service de Marmaduke-Temple en qualité de majordome. Son nom était Benjamin Penguillan; mais comme il parlait souvent des services qu'il avait rendus en mer pour épuiser l'eau qui pénétrait dans les navires, on l'appelait Benjamin La Pompe.

Auprès de lui se pressait une femme d'un âge mûr, aux traits maigres et ridés, au nez farci de tabac, vêtue de calicot; c'était la femme de charge Remarquable Pettibone. Elle ne connaissait pas Elisabeth, son entrée au service de Temple ne datait que depuis la mort de madame Temple. Les autres domestiques étaient nègres pour la plupart.

L'arrivée des voyageurs fut aussi saluée par les aboiements de la meute de Richard Jones qui comprenait des individus de toutes les races canines. Seul, un vieux mâtin, qui avait un collier de cuivre portant les lettres M. T. vint gravement et en silence recevoir les caresses du maître, et ensuite celles d'Elisabeth qu'il paraissait connaître.

Les voyageurs entrèrent dans une vaste salle fortement chauffée par un poêle, et ils passèrent d'une température au-dessous de zéro à une chaleur très grande. Des meubles suffisants garnissaient cette pièce, les uns fabriqués à New-York, les autres dans le village. Six ornements en plâtre choisis par Richard Jones décoraient l'appartement, avec un lustre et deux candélabres dorés, et un baromètre : c'étaient les bustes d'Homère, de Shakespeare, de Franklin, de Washington, un cinquième qui représentait Jules César ou Faust, et une urne censée contenir les cendres de la reine Didon. Un papier peint en grisailles couvrait les murs. Sur un panneau d'un coin était le général Wolf dont l'Angleterre pleurait la mort : malheureusement le bras droit n'avait pas pu trouver place dans la largeur du panneau et ornait la pièce voisine. Richard Jones avait vainement essayé d'empêcher cette mutilation.

L'auteur de tous ces arrangements s'annonça en faisant claquer son fouet. — Eh bien, Benjamin la Pompe, est-ce dans cette obscurité que vous recevez une héritière? Allumez donc vite les chandelles. Excusez-le, cousine Elisabeth, il ne pouvait mieux faire. A présent que je suis là, tout ira mieux.

— Miss Elisabeth serait bien changée, dit Benjamin, si elle se fâchait contre un vieux serviteur pour quelques chandelles de plus ou de moins.

Elisabeth et son père gardaient le silence : l'un pensait à sa femme et l'autre à sa mère; ce ne fut que lorsque les lumières dissipèrent cette triste obscurité qu'ils sortirent de leur mélancolique rêverie. Chacun se hâta de se débarrasser des chauds vêtements de dessus. Remarquable Pettibone, la femme de charge, cherchait avec anxiété à examiner les traits de celle qui allait la remplacer dans la direction du ménage. Le capuchon noir d'Elisabeth étant écarté, on vit ses traits doux et fiers encadrés par des cheveux lustrés comme l'aile d'un corbeau. Un nez un peu fort, des sourcils arqués, des cils longs et soyeux, donnaient à sa physionomie une dignité féminine tempérée par un regard doux mais ferme. Sa taille était grande et bien prise, en la voyant miss Pettibone comprit que son règne touchait à sa fin.

Chacun parut alors dans son costume habituel : Elisabeth, en amazone gros-bleu; le juge, en habit noir complet; M. Le Quoi, en habit marron, veste brodée, culotte et bas de soie; le major Hartmann, en habit à larges boutons de cuivre, perruque à marteaux et bottes; M. Richard Jones en fourreau vert, gilet de drap rouge, culottes de peau, bottes à l'écuyère et éperons légèrement tordus dans sa chute.

Jusque-là personne n'avait fait attention au jeune étranger dont le costume presque misérable était peu fait pour attirer les regards. Il avait machinalement ôté son bonnet, et découvert une belle chevelure noire. Ses traits étaient nobles et fiers, et il paraissait médiocrement impressionné par le luxe qui l'environnait ; les doigts de sa main gauche errèrent sur les touches du piano d'Elisabeth, et cependant firent comprendre que l'instrument lui était familier. Son bras droit était tendu, et sa main droite serrait convulsivement sa longue carabine. Il semblait péniblement affecté par le spectacle qu'il avait sous les yeux, et tout d'un coup il se couvrit le visage de sa main gauche.

Elisabeth le remarquant, s'écria : — Nous oublions que ce qui presse le plus ce sont les secours à donner au jeune étranger.

— Ma blessure n'a rien de grave, dit le jeune homme un peu fièrement, et d'ailleurs je crois que M. Temple a envoyé chercher le médecin en arrivant.

La blesssure du jeune homme fut l'occasion pour Richard Jones de plaisanter son cousin sur le daim qu'il avait acheté, après l'avoir manqué et blessé le jeune homme. Il s'offrit pour aider le médecin, disant qu'il avait eu des hommes de l'art dans sa famille et qu'il avait hérité de leurs aptitudes. — N'est-ce pas, mon ami, dit-il au jeune homme, que le talent comme la vertu est héréditaire.

— Tout ce que je sais c'est que le vice ne l'est pas, répondit brusquement le jeune homme, en portant ses yeux du père sur la fille.

— Il s'agit, dit celle-ci, de préparer une chambre pour panser le bras de monsieur.

— Je vais y veiller, ma cousine ! dit Richard Jones. Venez, monsieur, j'examinerai votre blessure.

— J'aime mieux attendre le médecin, dit froidement le jeune homme.

Richard fut étonné et choqué de cette réponse, puis s'adressant au ministre Grant : — Vous verrez qu'on va faire courir le bruit que, sans l'intervention de ce jeune homme, j'aurais mis votre vie en danger. J'espère que vous n'aurez pas été blessé par la chute dont ce maladroit est la cause.

L'arrivée du médecin du village interrompit la réponse.

VI

La réputation du docteur Elnathan Todd était, dans la colonie, aussi colossale que sa taille, haute de six pieds quatre pouces anglais. Ses mains, ses pieds et ses genoux étaient les seules parties de son corps proportionnées à sa longueur, tout le reste aurait mieux convenu à un homme plus petit. Son long cou était surmontée d'une petite tête ronde, coiffée de cheveux châtains hérissés, et ornée d'une figure ratatinée qui avait peine à être sérieuse.

Fils d'un fermier du Massachussets, sa croissance exagérée l'avait rendu trop faible pour les travaux de la campagne; on le destinait donc à une profession libérale, et on se décida pour la médecine, parce que l'enfant, dans ses loisirs, était sans cesse à fourrager les herbes et à fouler aux pieds les plates-bandes. On envoya donc l'enfant à l'école, quant il eut quinze ans. Elnathan Todd était intelligent, et fit de tels progrès que son maître le montrait comme un prodige. — Ce sera un grand médecin, disait-il, car il conseille toujours à ses camarades de ne pas trop manger, et quand ils ont trop de provisions, il se dévoue pour les consommer lui-même, de peur qu'ils ne soient malades.

En sortant de l'école, Elnathan Todd fut placé chez un médecin de village, où il fut occupé à soigner le cheval, à piler les drogues et à lire quelques livres de médecine dans ses loisirs. Un jour qu'on vint chercher le médecin pour une femme en mal d'enfant, Elnathan, en son absence, s'offrit pour le remplacer, et eut pour la première fois l'occasion de mettre en pratique le Traité des accouchements. Dès ce moment, sa mère le qualifia de docteur. Il alla à Boston faire emplette d'une boite de médicaments, se maria et finit par s'établir à Templeton. On s'étonnera en Europe de cette manière primitive de prendre ses grades, mais en Amérique la science du docteur était au niveau de celle de l'avocat et du juge. Ses connaissances s'agrandirent à mesure qu'il pratiqua, et à force de soigner des fièvres tierces, quartes, continues, etc., de traiter les maladies de la peau si communes parmi les colons, et de faire des accouchements, il devint vraiment habile médecin. Comme chirurgien, il l'était moins; mais il savait arracher des dents, recoudre les plaies des bûcherons, et une fois il vint à bout de remettre une jambe cassée, non sans trembler, car il n'avait jamais vu de cas pareil; mais M. Richard Jones tint la jambe du patient, et le succès de l'opération ajouta à la réputation de M. Todd.

En entrant dans la maison du juge, il fut ébloui et déconcerté par la brillante illumination à laquelle il n'était pas habitué. On lui avait parlé d'une plaie d'arme à feu, et il n'était pas sans inquiétude pour l'opération que ce cas, nouveau pour lui, exigerait. Il ne rêvait qu'artères coupées, organes essentiels atteints, lorsque Marmaduke s'approcha de lui.

— Sois le bienvenu, docteur, lui dit-il; voici un jeune homme que j'ai eu le malheur de blesser en tirant sur un daim; il a besoin de ton secours, et ma bourse t'en récompensera généreusement.

Le jeune homme, qui avait déjà quitté son surtout, allait ôter son habit, quand il s'arrêta en voyant Elisabeth, qui le regardait avec compassion, et il dit : — La vue du sang fera peut-être mal à mademoiselle; si nous passions dans une autre chambre?

— Non, non, dit Todd, enhardi en croyant n'avoir affaire qu'à un homme du commun; nous avons besoin d'y voir clair, et ce grand nombre de lumières nous sera utile.

Miss Temple s'était retirée pour laisser le champ libre au médecin. Toute la société entoura le malade, à l'exception du major Hartmann qui fumait dans un coin, et qui du milieu des tourbillons de fumée, tantôt levait les yeux au plafond comme s'il méditait sur l'incertitude de la vie humaine, tantôt regardait le blessé avec l'expression d'un vague intérêt.

Elnathan Todd, qui voyait pour la première fois une blessure d'arme à feu, cachait son inexpérience sous une lenteur solennelle. Il commença par déchirer une vieille chemise pour en faire des bandanges, et en donna un morceau à Richard Jones pour en faire de la charpie. Richard se mit à l'œuvre, en clignant de l'œil à son cousin, comme pour lui dire : Vous voyez si je ne suis pas indispensable.

Après cela, le docteur déploya sur la table tout un arsenal de bistouris, de scalpels, de lancettes, de fioles, de drogues qu'il tira de sa boîte, et il regarda ensuite les assistants d'un air triomphant, en mettant ses mains sur ses hanches.

— Hâtez-vous donc un peu, dit le juge; je vois aux yeux du jeune homme qu'il n'appréhende que vos délais.

L'étranger avait découvert son épaule, et montrait

la légère plaie formée par la chevrotine, et ne saignant plus, grâce à l'intensité du froid. Le chirurgien respira avec satisfaction en voyant que la blessure était beaucoup moins grave qu'il ne s'y attendait. Il prit une longue aiguille et se préparait à l'introduire dans la plaie, mais l'étranger le repoussa d'un air de dédain.

— Votre sonde est inutile, dit-il ; la balle a effleuré l'os, et s'est arrêtée de l'autre côté sous la peau, d'où vous l'extrairez sans peine.

— Monsieur a raison, dit le docteur Todd en déposant sa sonde. M. Jones, veuillez tenir son bras ; voyons votre charpie : elle est excellente.

Le chirurgien fit une incision à l'épaule du patient, et la chevrotine fut mise à nu. Pendant que M. Todd s'apprêtait à l'extraire avec des pinces, le blessé fit un mouvement du bras, et la chevrotine tomba. La large main du chirurgien la reçut dans sa chute, et les assistants purent croire que c'était lui-même qui l'avait extraite.

— Parfaitement réussi ! dit Richard Jones, sans leur laisser le temps d'examiner la question.

— Je vous remercie, monsieur, dit l'étranger au chirurgien, non sans une certaine hauteur ; veuillez ne pas vous occuper de moi davantage. Voici quelqu'un qui vous en épargnera la peine, et qui sera mon garde-malade.

Toute la société tourna la tête vers la porte avec un certain étonnement, et y aperçut l'indien John.

VII

Avant que les Européens, ou pour mieux dire les chrétiens eussent dépossédé les indigènes, toute la région qui contient les états de la nouvelle Angleterre et du centre était occupée par deux grandes nations subdivisées en un grand nombre de tribus. L'une était celle des Iroquois dont les tribus principales formaient une confédération qu'on appela pompeusement les Six-Nations. L'autre était celle des Delawares, dont les Mohicans étaient une des grandes tribus. Ceux-ci, qui habitaient entre l'Hudson et l'Océan, disparurent des premiers, et quelques familles cherchèrent un asile auprès de la tribu mère. L'arrivée des belliqueux Mohicans vint relever le courage des Delawares qui s'étaient laissé dominer par les Iroquois.

Une famille s'était particulièrement illustrée parmi les Mohicans par les qualités qui constituaient les héros indiens ; mais les guerres, les maladies, les privations l'avaient cruellement décimée, et son unique représentant était le vieillard qui venait de paraître chez Marmaduke-Temple. En relation depuis longtemps avec les blancs à qui il avait rendu d'importants services, cet Indien avait embrassé la religion chrétienne, et avait reçu au baptême le nom de John. Dernier survivant de sa race, il avait résolu de laisser ses os dans la terre dont ses ancêtres avaient été les maîtres. Il n'avait paru que depuis quelques mois dans les montagnes voisines de Templeton, et il avait été accueilli amicalement par le vieux chasseur Bas-de-Cuir, dont les mœurs et les habitudes se rapprochaient des siennes. Ils habitaient sous le même toit, et vivaient ensemble.

Le nom chrétien de l'indien était John ; mais dans ses entretiens en langue delaware avec le vieux chasseur, celui-ci le nommait Chingachgook, ce qui signifie le gros serpent. C'était ainsi qu'on l'avait appelé dans sa jeunesse, à cause de son adresse et de sa prudence ; mais les Delawares qui restaient ne l'appelaient que Mohican, triste souvenir de la tribu éteinte. Il évitait de se servir lui-même, excepté dans les occasions les plus solennelles, de ce nom qui excitait en son cœur de profonds regrets. Les colons le nommaient John Mohican.

Les habitudes de John Mohican étaient un mélange de celles des sauvages et des hommes civilisés. Les habits européens et les vêtements des Indiens se confondaient dans son costume. Il avait la tête nue, malgré la rigueur du froid, et de longs cheveux couvraient son front et ses épaules. Son visage avait un air de grandeur; son nez aquilin, sa bouche grande laissant voir par intervalles deux rangées de dents courtes et blanches, ses pommettes saillantes, ses yeux petits, mais pleins d'intelligence et de feu, formaient un ensemble d'un caractère noble et expressif.

Dès que Mohican se vit remarqué, il laissa tomber sur ses guêtres de peau de daim, la couverture qui lui entourait le corps, et il s'avança avec gravité, nu jusqu'à la ceinture, sans autre ornement qu'un médaillon d'argent de Washington suspendu à son cou. Il tenait à la main un petit panier tressé avec des baguettes de frêne noires et rouges. Il s'approcha sans parler du blessé, dont il examina l'épaule avec attention, et puis il se retourna en regardant le juge d'un air de mécontentement.

— Sois le bienvenu, John, lui dit Marmaduke il paraît que ce jeune homme a une haute opinion de ton habileté, puisqu'il aime mieux se faire panser par toi que par le docteur.

L'Indien répondit en assez bon anglais, mais avec un accent guttural, bas et monotone : — Les fils de William Penn n'aiment pas à voir le sang, et pourtant le jeune aigle a été frappé par la main qui n'aurait pas dû lui faire du mal.

— Mohican! s'écria Marmaduke, me crois-tu capable de verser volontairement le sang humain?

— Ne jugez pas, si vous ne voulez pas être jugé, a dit le Sauveur. Pourquoi M. Temple aurait-il fait volontairement du mal à un jeune homme qui lui était inconnu ?

John entendit avec respect ces paroles du ministre, et tendant la main à Marmaduke, il dit : — Je crois que mon frère est innocent. Et aussitôt il se mit en devoir de panser la blessure. Le chirurgien le laissa faire, pour se prêter au caprice du patient; il se contenta de murmurer à l'oreille de M. Le Quoi : — Heureusement nous avons extrait la balle avant l'arrivée de l'Indien, et une femme ferait le reste. Il paraît que ce jeune étranger habite avec John et avec Nathaniel Bumppo; et il n'est pas étonnant qu'il ait une prédilection pour l'Indien.

Richard Jones, qui respectait les connaissances médicales de John s'approcha pour le saluer amicalement, et, pour ne pas perdre l'occasion de se faire valoir, il lui offrit de l'aider. Mohican lui donna à tenir le panier qui contenait ses médicaments. Les fonctions qu'il avait remplies dans cette soirée furent pour lui un sujet de gloire; il disait : Le docteur Todd et moi, nous avons extrait la balle; l'indien John et moi, nous avons pansé la blessure.

L'appareil de l'Indien ne fut pas compliqué : c'était de l'écorce pilée imbibée du suc de quelque simple cueillie dans les forêts. Il est de fait que si, parmi les naturels, il y avait des guérisseurs qui se contentaient d'invoquer les esprits, d'autres possédaient des connaissances réellement utiles.

Tandis que John, aidé de Richard, pansait la blessure, le docteur Todd tirait furtivement du panier de l'Indien quelques fragments de bois et d'écorce ; mais le juge l'avait vu ; Todd s'en apercevant lui dit : — Je suis bien aise d'analyser ces substances ; on ne peut nier que ces Indiens aient des connaissances médicales, et on ne doit pas rougir d'apprendre quelque chose d'eux. On voit que le docteur ne se gênait pas pour s'instruire des secrets des autres. Il n'était pas assez habile chimiste pour analyser les fragments qu'il avait pris dans le panier de l'Indien, mais en examinant leur contexture, il reconnut à quels végétaux ils appartenaient, et il fit un usage heureux de ces remèdes en les appliquant à un officier blessé en duel, de sorte que, quand la guerre éclata de nouveau entre l'Angleterre et les Etats-Unis, il fut nommé chirurgien-major d'une brigade de la milice.

Le pansement achevé, le jeune étranger se leva et dit à Marmaduke, après avoir remis son habit : — Je n'abuserai pas plus longtemps de votre temps et de votre complaisance ; il ne nous reste plus qu'à régler nos droits respectifs sur le daim.

— Je reconnais qu'il t'appartient, dit le juge, et je te l'abandonne de bon cœur. Mais reviens nous voir demain matin, et nous arrangerons tout cela. Elisabeth, dit-il à sa fille qui rentrait dans ce moment, fais préparer à souper pour monsieur, et qu'Agamemnon dispose un traîneau pour le ramener chez son ami.

— Mais, monsieur, je ne puis m'en aller sans emporter un morceau du daim ; je vous ai dit que j'en avais besoin.

Richard Jones lui dit qu'on le lui payait tout entier à un prix exorbitant, et qu'on ne s'en réservait que le train de derrière.

— Merci, monsieur, de votre libéralité, dit l'étranger ; mais c'est précisément le train de derrière qu'il me faut.

— Qu'il me faut ! répéta Richard, le mot est plus dur à digérer que les cornes de la bête !

— Oui, qu'il me faut ! répéta l'étranger, en promenant des regards hautains sur l'assemblée, comme s'il était prêt à tenir tête aux contradicteurs ; mais en rencontrant les yeux étonnés d'Elisabeth, il prit un ton plus doux et dit : Il me semble que celui qui a abattu le gibier en est maître absolu, et que la loi le protège dans la jouissance de sa propriété.

— La loi le protège en effet, dit le juge surpris et mortifié ; Benjamin, fais mettre le daim tout entier dans le traîneau, et conduis monsieur à la cabane de Bas-de-Cuir. Mais, jeune homme, il faut que je te revoie pour t'indemniser du tort que je t'ai fait : quel est ton nom ?

— Je m'appelle Edwards, Olivier Edwards, on me trouve facilement, car je n'habite pas loin d'ici, et je ne me cache pas, parce que je n'ai fait de tort à personne.

— C'est nous qui vous en avons fait, monsieur, dit Elisabeth, et mon père regretterait vivement de vous voir refuser nos offres de service ; il serait au contraire charmé de vous revoir demain.

Le jeune homme jeta sur Elisabeth un coup-d'œil qui la fit rougir légèrement, et dit : — En ce cas, je reviendrai demain voir M. le juge, et j'accepte son traîneau en signe de réconciliation.

— De réconciliation ! murmura Marmaduke, je ne crois pas qu'il y ait jamais eu de motifs de querelle entre nous.

— Pardonnez-nous nos offenses, comme nous les pardonnons à ceux qui nous ont offensés, dit le ministre ; que ces paroles du divin Maître soient toujours la règle de notre conduite.

Le jeune chasseur, après avoir rêvé un moment, jeta un regard presque farouche sur l'assemblée, salua profondément le ministre, et sortit sans laisser à personne l'envie de le retenir.

— Etrange esprit de rancune à cet âge ! dit le juge, quand la porte fut refermée ; mais ses douleurs sont récentes, et j'espère que demain matin il sera plus traitable. Il doit avoir de meilleurs sentiments quand il est de sang-froid.

Elisabeth, à qui ces paroles s'adressaient, ne répondit pas, mais gardait les yeux fixés sur les rosaces du tapis, tandis que Richard Jones faisait claquer son fouet, et s'écriait : — Mon cousin, j'aurais eu un procès plutôt que de céder le daim à ce jeune homme. De quel droit vient-il chasser sur vos propriétés? Pourquoi n'interdisez-vous pas la chasse dans vos biens, sauf à donner un permis à Mohican, qui, à son âge, ne peut plus faire grand dégât?

— Richard, dit froidement le major Hartmann, en secouant les cendres de sa pipe ; j'ai habité pendant soixante-cinq ans les bords de la Mohawk, et l'expérience m'a appris qu'il valait mieux avoir affaire au diable qu'aux chasseurs. Leur fusil est leur unique loi, comme leur unique gagne-pain.

— Mais Marmaduke n'est-il pas juge? dit Richard avec indignation ; ne peut-il pas faire exécuter les lois? J'ai envie de le poursuivre moi-même en justice pour s'être mêlé de conduire mes chevaux. Je n'ai pas peur de sa carabine, je suis bon tireur aussi.

Le juge exprima un doute en souriant, et il ajouta :

— La figure de Remarquable m'annonce que le souper est prêt. M. Le Quoi, la main à miss Temple, s'il vous plaît.

— Je suis enchanté, mademoiselle, dit l'épicier, il ne manquait qu'une dame à Templeton, pour en faire un paradis.

La société passa dans la salle à manger à l'exception du ministre, de l'Indien et de Benjamin La Pompe.

— John, dit le ministre, c'est demain la fête de la

Naissance de Notre-Seigneur, j'espère que je vous verrai à l'autel.

— John y sera, dit l'Indien.

— C'est bien, dit M. Grant en mettant la main sur l'épaule bronzée du vieux chef, mais il faut y être présent d'esprit comme de corps. Le Sauveur est venu pour tous les hommes, sans distinction de couleurs et de races. Il faut venir avec un cœur contrit et humilié.

— L'œil du Grand-Esprit peut voir jusqu'au fond du cœur du Mohican ! son sein est découvert ! s'écria John en se frappant la poitrine.

— Bien, mon ami, le Grand-Esprit vous donnera ses consolations ; il veille sur tous les hommes, au sein des forêts comme dans les palais. John, bonsoir, que le Sauveur vous bénisse !

L'Indien s'inclina et suivit Benjamin La Pompe, qui allait lui ouvrir la porte extérieure, et qui lui dit en le quittant : — Le curé a raison, rien de moins important que la couleur. Le soleil des tropiques a noirci ma peau, et la bise qui souffle risque de blanchir la vôtre. Larguez tous les ris de votre couverture, si vous ne voulez pas être gelé par le vent de la nuit.

VIII

Nous avons fait faire connaissance à nos lecteurs avec des personnages d'origine et de caractères divers ; mais pour établir la fidélité de notre narration, il nous reste à dire pourquoi et comment ils se trouvaient réunis.

On était en 1793 : Louis XVI venait d'être décapité, et une foule d'émigrés français arrivaient en Amérique; M. Le Quoi était du nombre. Il avait été recommandé à Marmaduke-Temple par un de ses amis, riche négociant de New-York. A la première vue, le juge avait compris que le Français était un homme bien élevé : d'abord il l'avait pris pour un de ces planteurs chassés de Saint-Domingue, venus en Amérique dans un dénûment absolu. M. Le Quoi n'avait pas grand chose, il est vrai, mais ce qu'il avait était suffisant pour acheter une pacotille. Sous la direction de Marmaduke, le Français ouvrit une boutique où on trouvait de l'épicerie, des draps, de la quincaillerie, de la poterie, et une foule d'objets d'utilité pour les colons. M. Le Quoi sut se prêter de bonne grâce aux exigences de sa nouvelle position, et son affabilité, autant que son assortiment de marchandises, lui concilia la bienveillance de ses chalands. Ses affaires ne tardèrent pas à prospérer, et il devint un des gros bonnets de l'endroit.

Le major Frédéric Hartmann descendait des nombreux Allemands qui avaient quitté les bords du Rhin pour ceux du Mohawk, sous le règne de la reine Anne. Il avait tous les vices et toutes les vertus de ses compatriotes : passionné sans être expansif, entêté, légèrement soupçonneux avec les étrangers, probe, courageux, ferme dans ses affections, quelque peu lunatique, tantôt grave et sérieux, tantôt jovial à l'excès, suivant les lunes, Marmaduke-Temple était le seul homme qui lui eût inspiré de la confiance, sans savoir parler allemand. Régulièrement quatre fois par an, à époques fixes, il faisait trente milles à travers les montagnes pour venir passer une semaine chez le juge. C'était sa visite de Noël, et il n'était arrivé que depuis une heure, lorsque Richard Jones l'avait fait monter en traîneau pour aller au-devant de Marmaduke et de sa fille. Tout le monde l'aimait pour sa franchise, et ses accès de gaîté folle, qui n'étaient pourtant que passagers.

Avant de parler de M. Grant, il est bon de jeter un coup-d'œil rétrospectif sur les annales de la colonie. Comme c'est l'ordinaire, on avait songé aux intérêts matériels avant de s'occuper des intérêts moraux;

mais lorsqu'on eut pourvu aux premiers, chacun se souvint de l'éducation qu'il avait reçue, et voulut en faire jouir ses enfants. On pensa d'abord à l'instruction, parce que sur ce point il y avait unanimité de vues. Sous la direction de Richard Jones, et avec l'aide de Hiram Doolittle, on bâtit un édifice qui devait servir d'académie. Richard convoqua tous les francs-maçons des environs pour en faire l'inauguration. On mit à la tête de l'établissement un licencié tiré du collége de l'Est. L'anglais et le latin y furent enseignés dans l'étage inférieur; l'étage supérieur fut réservé pour les distributions des prix. Mais bientôt cette institution se réduisit à une simple école de campagne.

La diversité des cultes professés par les habitants de Templeton ne leur permettait pas de s'entendre aussi bien sur l'organisation du service religieux. Quand il passait par hasard un ministre méthodiste, anabaptiste, presbytérien, on l'invitait à officier dans la grande salle de distribution des prix, qui servait aussi aux audiences du tribunal. Le ministre recevait pour sa peine le produit de la collecte qu'il faisait dans son chapeau. A défaut de ministre, les principaux du village murmuraient quelques prières, ou faisaient entr'eux quelques dissertations religieuses, ou bien Richard Jones lisait un sermon de Lawrence Sterne.

Quelques tentatives furent faites pour établir l'unité de culte. Richard Jones qui était anglican essaya de faire prévaloir les rites de son église; mais il choqua les préjugés des autres sectes protestantes, et au troisième service, il eut Benjamin La Pompe pour unique assistant. Ce ne fut qu'en 1795 que M. Grant, missionnaire anglican, ayant été envoyé dans le comté, fut accueilli avec bieveillance par Richard et par Marmaduke, qui le prièrent de se fixer à Templeton. Il s'installa sans bruit lui et sa famille, dans l'humble logement qu'on lui avait réservé, et, à la surprise générale, on lut un beau matin l'avis suivant placardé par les soins de Richard : « Le service religieux sera célébré la nuit de Noël dans la grande salle de l'institution de Templeton, par le révérend M. Grant, conformément aux rites de l'église protestante épiscopale. »

Une grande émotion suivit la lecture de cette annonce; les uns s'étonnaient, les autres raillaient, tous attendaient l'heure avec impatience. On avait vu, le matin du 24 décembre, M. Richard Jones et Benjamin la Pompe revenir du bois chargés de rameaux d'arbres verts. Ils s'étaient renfermés dans l'école, après avoir donné congé aux enfants et aux professeurs, et on attendait avec curiosité le résultat de leurs préparatifs. M. Temple avait été prévenu par lettre de tous ces arrangements, et il devait arriver à temps pour assister avec sa fille aux solennités de la soirée.

Après cette digression, nous reviendrons à notre narration.

IX

L'appartement où M. Le Quoi conduisit par la main Elisabeth, communiquait avec la salle, par une porte qui était sous l'urne censée contenir les cendres de Didon. Il était spacieux et de proportions régulières, mais l'ameublement présentait les mêmes contrastes que celui de la salle. Un grand feu de bois d'érable à sucre brûlait dans la cheminée. Ce fut la première chose qui attira l'attention du juge : — Comment! encore de l'érable! s'écria le juge. Combien de fois n'ai-je pas défendu qu'on brûlât d'un bois si précieux ? Je dois donner le bon exemple aux colons. Si l'on n'y met ordre, dans vingt ans nous manquerons de combustible.

— Vous plaisantez, mon cousin, dit Richard, il faudra bien des siècles pour épuiser nos forêts. Ne vous inquiétez pas des détails du ménage, c'est moi qui ai fait allumer ce feu pour réchauffer ma cousine Elisabeth.

— Ce motif est une bonne excuse, dit le juge,

Allons, à table, messieurs ; M. Grant, veuillez dire lo bénédicité.

Elisabeth, au lieu de songer à manger, contemplait la table et l'arrangement des mets avec satisfaction. — Remarquable nous a servi un repas magnifique, dit son père.

— Je suis charmée que vous soyez content, dit Remarquable ; j'ai fait de mon mieux pour fêter l'arrivée d'Elisabeth.

— Ma fille n'est plus un enfant, dit le juge, veuillez désormais l'appeler miss Temple.

La prudente femme de charge se le tint pour dit, et toute la société se mit à table. Nous ferons grâce au lecteur du menu du repas, et de la description de la vaisselle : il nous suffira de dire qu'il y avait surabondance de mets et de liqueurs, et qu'on avait sacrifié l'ordre et l'élégance à la profusion.

Quoique le major Hartmann et Richard eussent dîné avant d'aller au-devant du juge, ils sentirent leur appétit se réveiller à l'aspect de ces mets savoureux, et ils firent honneur au repas comme ceux qui étaient à jeun. Lorsque leur faim eut été apaisée, les convives commencèrent à parler. — Pourriez-vous me dire, demanda Marmaduke à Richard, de quel côté de la forêt habite le jeune homme que j'ai si maladroitement blessé ? Je l'ai rencontré sur la montagne en compagnie de Bas-de-Cuir ; mais il y a une différence sensible dans leurs manières. Le jeune homme s'exprime en termes choisis qui ne sont pas du langage de gens misérablement vêtus.

— Ne me parlez pas de cet individu, dit Richard, il aura affaire à moi s'il touche encore mes chevaux. Je suis sûr qu'il n'a jamais conduit que des bœufs.

— Vous lui faites tort, dit le juge, n'est-ce pas Elisabeth ?

Cette question n'était pas de nature à émouvoir la jeune fille ; cependant elle sortit de sa rêverie, et répondit en rougissant un peu : — Il m'a paru adroit et courageux, et je n'ai qu'à me louer des égards qu'il m'a montrés.

— Voilà ce que c'est que de ne vouloir pas paraître en manches de chemises devant une femme, dit Richard ; c'est ce qui vous a plu en lui. Pour moi je ne le crois bon qu'à ajuster un daim.

— Richard, dit gravement le major Hartmann, ce jeune homme a du bon ; il nous a sauvé la vie, à vous, à moi, et à M. Grant. Tant qu'il restera une latte au toit de Fritz Hartmann, il y aura un asile pour lui.

— Comme il vous plaira, dit Richard avec une indifférence affectée ; vous êtes le maître de l'installer chez vous, mais je suis persuadé qu'il n'a jamais couché que dans de misérables huttes comme celle de Bas-de-Cuir : vous ne tarderez pas à le gâter.

— Je ne le gâterai pas, dit Marmaduke, mais, je

pourvoirai à ses besoins, sans parler de la dette que mes amis ont contractée envers lui pour leur avoir sauvé la vie, j'en ai une qui m'est personnelle ; mais la difficulté sera de lui faire accepter mes services. Quand je lui ai offert de s'établir ici, n'avez-vous pas remarqué sa répugnance, Elisabeth?

— Je ne l'ai pas regardé assez attentivement pour lire ses pensées sur son visage, dit Elisabeth : mais Benjamin, qui doit l'avoir aperçu en rôdant dans le village, pourra vous donner des renseignements.

Benjamin qui était debout derrière la chaise du juge ne demandait pas mieux que de prendre la parole. — Certainement je l'ai déjà vu, dit-il ; il louvoie sans cesse à la remorque de Nathaniel. Il y aura mercredi trois semaines qu'on les a déjà vus amarrés ensemble. On en parlait à l'auberge du Hardi-Dragon, et on le disait très fort à la chasse des bêtes féroces. Nathaniel et lui ont pris un loup l'autre jour. Nathaniel en est venu montrer la peau pour avoir la récompense promise. Celui-ci n'est, dit-on, si habile à scalper les animaux que parce qu'il s'est exercé sur des hommes.

— Ce sont des contes, dit Marmaduke ; Nathaniel a une sorte de droit à gagner sa vie dans les montagnes, et la loi le protégera.

La conversation fut interrompue par le son d'une cloche de bord placée dans la coupole de l'institution; elle annonçait l'heure du service.

Pionniers.

— Il est temps de nous rendre à l'église, M. Grant, dit Richard ; c'est à nous, Elisabeth, Benjamin et moi, les seuls vrais fidèles de l'Eglise anglicane, à donner l'exemple. Les autres nous suivront, s'ils le veulent.

Le ministre se leva, dit les grâces avec ferveur, et toute la société se prépara à se rendre à l'église, ou plutôt à l'académie.

X

Tandis que Richard et M. Le Quoi, suivis de Benjamin, prenaient un sentier tracé dans la neige à travers les terres du château, le juge, sa fille, le ministre et le major prirent un chemin plus long en passant par les rues du village. La lune éclairait le paysage, et sa lumière réfléchie par la neige suffisait pour rendre les objets distinctement visibles. Elisabeth ne reconnaissait aucune des maisons du village, tant il y avait eu de changements pendant son absence. Les figures de tous les passants étaient tellement enveloppées de fourrures pour les garantir du froid, qu'il était impossible d'en voir une de connaissance. Ce ne fut qu'en entrant dans une rue qui coupait la grande rue à angle droit que miss Temple revit une figure et une maison qui lui étaient connues. La maison était une des auberges les plus fréquentées de la localité; elle n'avait qu'un étage, mais elle avait un air d'aisance. Sur l'enseigne, où l'on voyait un cavalier armé d'un sabre et de pistolets, Elisabeth lut de mémoire, plutôt que des yeux : « Au Hardi-Dragon. »

De cette auberge sortirent un homme à la tournure militaire, mais boiteux, et une femme, au visage empourpré, qui s'écria, avec un accent irlandais très prononcé : — Bonsoir, M. le juge, vous avez donc ramené miss Elisabeth, qui s'est faite une grande et belle demoiselle?

— Je suis charmée de vous revoir, madame Hollister, dit Elisabeth, vous êtes la première personne de connaissance que je rencontre. Vous n'êtes pas changée, non plus que votre maison et votre enseigne où mon cousin Richard a peint le portrait du capitaine Hollister votre mari.

— J'irai vous rendre mes devoirs demain, mademoiselle : je ne veux pas vous retenir de peur de vous faire enrhumer. Faut-il vous préparer un verre de grog au genièvre pour ce soir, major Hartmann?

Le major fit gravement une réponse affirmative, et le traîneau repartit pour ne s'arrêter qu'à la porte de l'institution. En mettant pied à terre, Elisabeth remarqua un grand bâtiment en construction : c'était l'église Saint-Paul, chef-d'œuvre inachevé de Richard Jones et de Hiram Doolittle. Ce dernier arrivait au moment même : grand, maigre, au visage astucieux et hypocrite, il réunissait à l'emploi d'architecte les fonctions de juge de paix.

XI

Les efforts combinés de Richard Jones et de Benjamin la Pompe n'avaient pas réussi à décorer la grande salle d'ornements dignes de la solennité. Des bancs de bois à peine dégrossis, une table d'acajou couverte d'une nappe damassée en guise d'autel, un pupitre pour lutrin, une espèce de grand cul-de-lampe en bois blanc pour chaire, des guirlandes de feuillage, une douzaine de misérables chandelles, auraient donné un aspect un peu triste au local, sans un grand feu qui pétillait dans deux vastes cheminées placées aux deux extrémités.

Rien de plus varié que le costume des assistants. Les femmes s'étaient parées de leurs plus beaux atours : mais un grand nombre avait ajusté les débris d'une splendeur passée avec les vêtements d'étoffes grossières fabriquées dans les ménages. Outre les Américains natifs, toutes les nations du nord de l'Europe avaient des représentants dans l'assemblée, reconnaissables à leurs traits et à leurs allures, et même à leurs habits. Les Anglais surtout n'avaient rien changé à la forme des leurs.

Tout le monde était en place ; on avait cessé de tousser et de remuer les pieds, lorsqu'on entendit au bas de l'escalier un bruit de pas lourds ; c'étaient de nouveaux arrivants qui se débarrassaient de la neige adhérente à leurs chaussures, et l'on vit paraître Bas-de-Cuir, Olivier Edwards et John Mohican, qui cherchèrent une place en faisant le moins de bruit possible. L'Indien, voyant une place vacante à côté du juge Temple, n'hésita pas à la prendre, en homme qui a conscience de sa propre dignité. Il s'enveloppa jusqu'aux yeux de sa couverture, et demeura immobile, mais attentif. Le jeune chasseur se confondit dans la foule, et Nathaniel alla s'asseoir sur une grosse bûche, à côté du feu, la carabine entre les jambes.

M. Grant se leva et commença l'office. Tout le monde se tint debout à son exemple, mais lorsqu'il se mit à genoux, la plupart se rassirent. Richard s'était chargé des répons, mais, au moment nécessaire, il avait disparu. Elisabeth avait envie de le remplacer, mais sa timidité l'en empêchait, lorsqu'elle entendit une voix de femme murmurer auprès d'elle les paroles de l'Ecriture. C'était une jeune fille, vêtue proprement, mais simplement, à la taille svelte, à la figure pâle, douce et mélancolique, qui priait à genoux, les yeux modestement fixés sur son livre. Du fond de la salle, une voix d'homme se mêla aux chants du ministre. Elisabeth reconnut celle du jeune chasseur, et elle n'hésita plus à répondre elle aussi. En ce moment, Richard rentra, apportant un tabouret de sapin pour exhausser le ministre, et il se mit aussi à chanter d'une voix qui ne décelait d'autre souci que celui de se faire entendre.

En présence d'un auditoire si mêlé, M. Grant dut éviter comme des écueils toutes les questions de dogme, et fit un sermon de morale qui satisfit tout le monde, sauf Hiram Doolittle et quelques dissidents opiniâtres qui échangèrent entr'eux des signes de mécontentement; et l'assemblée se dispersa en silence avec un grand décorum.

XII

Pendant que les fidèles sortaient, M. Grant s'approcha d'Elisabeth et du juge et leur présenta sa fille, cette jeune personne dont nous avons parlé. M. Temple l'accueillit avec une franche cordialité, heureux de rencontrer une compagne qui aiderait sa fille à supporter la solitude de Templeton. Les deux demoiselles firent promptement connaissance, et arrangèrent des parties, non seulement pour le lendemain, mais encore pour les jours suivants.

— Doucement, doucement, miss Temple, dit le ministre, vous allez donner à ma fille des habitudes de dissipation. Vous oubliez qu'elle a soin de son ménage, et la maison souffrirait si elle acceptait seulement la moitié de vos offres.

— Et pourquoi ne renonceriez-vous pas à avoir besoin de ses soins? dit Elisabeth. Notre maison est assez grande pour vous deux. Dans un désert comme celui-ci, il ne doit pas être question de cérémonies.

C'est nous rendre service que d'accepter l'hospitalité chez nous.

— Nous ne devons pas en abuser, dit le ministre. Et ce serait d'ailleurs exposer mon ministère à l'envie et à la critique en habitant une demeure somptueuse.

Pendant cette conversation, Bas-de-Cuir, Olivier et l'Indien étaient restés dans la salle. Lorsque le juge et sa compagnie furent sortis, Chingachgook s'approcha gravement du ministre, et lui dit en lui tendant la main : — Père, je vous remercie. Vos paroles sont montées au ciel, et vos enfants ne les oublieront pas. Si le Gros-Serpent a la force de s'acheminer vers le couchant où sont ses frères, il leur répétera vos bonnes paroles, et ils le croiront, car qui dira que Mohican ait jamais menti?

— Mettez toute votre confiance en la miséricorde divine, dit M. Grant, et vous, M. Edwards, je vous suis doublement obligé, d'abord pour m'avoir sauvé la vie sur la montagne, et ensuite pour m'avoir assisté ici dans un moment embarrassant. Je vous verrai avec plaisir chez moi pour vous fortifier dans vos bonnes résolutions; je suis étonné et charmé qu'un jeune homme qui vit dans les bois connaisse aussi bien notre sainte liturgie.

— Il serait plus étonnant, dit le jeune homme, que j'eusse oublié le culte que j'ai pratiqué toute ma vie.

— Vous me comblez de joie, mon cher monsieur, dit le ministre; venez donc chez moi tout de suite; vos amis nous accompagneront.

— J'ai des affaires pressantes, interrompit Bas-de-Cuir. John, qui a été converti l'année passée par les Moraves, vous suivra; pour moi, je ne sais que me battre et chasser.

— Ce n'est pas une raison pour ne pas songer à son salut. Vous n'êtes plus jeune. N'est-ce pas le temps de se préparer au dernier voyage? Est-il prudent de partir pour la chasse sans baguette et sans pierre à feu?

— Il faudrait être bien mal habile pour ne pas savoir couper une baguette de frêne dans les bois et ramasser un silex dans les montagnes. Heureusement on fait des lois contre la chasse partout où l'on commence à prêcher.

Le ministre vit qu'il était inutile de poursuivre ses exhortations. Il laissa partir Bas-de-Cuir, et fut suivi par Olivier et Chingachgook. Le sentier qui conduisait à la maison de M. Grant était étroit et les forçait de marcher un à un dans cet ordre : le ministre, l'Indien, miss Grant et Olivier.

— En pensant que vous n'avez jamais fréquenté que des temples anglicans, dit le ministre au jeune chasseur, je suis curieux de connaître votre histoire. Votre éducation a été excellente, cela se voit; où donc êtes-vous né?

— Dans cet État.

— Je ne l'aurais jamais deviné : vous n'avez ni l'accent, ni les locutions des habitants de cet État. Vous avez donc habité les grandes villes ?

Le jeune homme ne répondit pas. Le ministre lui demanda s'il communierait le lendemain avec eux. Olivier s'excusa en disant qu'il était trop préoccupé d'idées mondaines.

— Vous avez tort, lui dit le ministre qui avait remarqué l'esprit de ressentiment du jeune homme; il faut repousser de pareils sentiments.

— Mon père, dit l'Indien, dit de bonnes choses, mais ce jeune aigle a dans ses veines du sang d'un Delaware, et les taches que ce sang laisse en coulant ne peuvent être lavées que dans le sang d'un Mingo.

Ces paroles firent horreur au ministre qui rappela au sauvage le commandement de Notre-Seigneur : Faites du bien à ceux qui vous haïssent et priez pour ceux qui vous persécutent. L'Indien l'écouta en silence, et le feu de ses yeux s'éteignit par degrés. Le ministre avait doublé le pas, suivi de près par John. Olivier, voyant que miss Louisa Grant restait en arrière, lui offrit son bras. Louisa l'accepta en lui disant : — L'air de cet Indien m'a bouleversée. Pardon, c'est votre ami, votre parent peut-être, quoique vous ne me fassiez pas peur comme lui.

— C'est que les sauvages regardent la vengeance comme une vertu, et qu'ils ne pardonnent jamais un outrage.

— J'espère que vous ne partagez pas leurs idées.

— Je répondrai à votre père que je suis chrétien, et à vous que j'ai appris à pardonner, et que je ferai toujours tous mes efforts pour dominer mes pensées de vengeance.

En parlant ainsi, ils entrèrent dans la maison, et furent introduits dans un salon qui servait de cuisine, où brillait un bon feu. L'ameublement était plus que modeste; quelques broderies à l'aiguille encadrées, dont une représentait une femme pleurant sur un tombeau, étaient les seuls ornements de cette pièce. Une épitaphe contenant plusieurs noms de Grant apprit à Olivier que M. Grant était veuf, et que Louisa était son seul enfant.

Lorsqu'ils furent assis, M. Grant s'adressant à Edwards, lui dit : — Si j'en crois les paroles de John, vous êtes du sang des Delawares; mais j'espère que votre éducation a détruit en vous les préjugés de vos ancêtres. Je ne vous reproche pas votre origine, ce n'est pas la couleur qui fait le mérite : on peut marcher tête levée dans ces contrées quand on descend des légitimes propriétaires du sol.

L'Indien prit vivement la parole : — Montez sur la plus haute montagne : tout le pays que vous verrez autour de vous appartient au jeune Aigle. Il est du sang Delaware, et son droit est fort; mais le quaker est juste, il divisera le pays en deux, et dira au jeune Aigle : Enfant des Delawares, prends cette part, et sois chef dans la terre de tes pères.

— Jamais, s'écria Edwards avec chaleur. Cet homme a la soif de l'or, il est violent comme le loup, et astucieux comme le serpent pour arriver à la fortune.

— Calmez-vous, mon enfant, dit le ministre : le mal involontaire que vous a fait M. Temple renouvelle vos griefs héréditaires; mais il n'est pas personnellement coupable d'une spoliation qui est la conséquence des évènements politiques, et la blessure qu'il vous a faite n'a pas été volontaire.

— Eh ! monsieur, dit le jeune homme en allant et venant à grands pas, je sais bien qu'il n'a pas voulu m'assassiner; mais sa fille et lui ont beau se réjouir de leurs richesses, le jour de la justice arrivera.

En parlant ainsi, il s'assit et se cacha la figure dans les mains, en appuyant ses coudes sur ses genoux. Louisa effrayée se serra contre son père, qui lui dit à voix basse : — Il a le caractère indien; l'éducation ne l'a pas encore effacé; mais avec du temps et de la patience nous y parviendrons.

Le jeune homme entendit ces mots; il releva la

tête et dit avec un sourire indéfinissable : — Ne vous alarmez pas, mademoiselle, de mes manières sauvages. Elles sont l'effet du sang qui coule dans mes veines, du sang Delaware, du sang de l'illustre chef dont je me glorifie d'être le fils, que Mohican a connu et dont il peut attester les vertus.

M. Grant, voyant le jeune homme plus calme, et le vieil Indien attentif, leur fit une longue dissertation sur le pardon des injures. Une heure s'était ainsi écoulée, lorsque les visiteurs prirent congé de leur hôte. John se dirigea vers le village, et le jeune chasseur prit la route de la montagne vers l'orient. Louisa était montée à sa chambre, qui donnait sur le lac; son père vint la rejoindre, et la vit occupée à regarder par la fenêtre. Il s'en approcha et vit le jeune chasseur franchir d'un pas rapide cette surface glacée, pour se rendre à la cabane de Bas-de-Cuir, située sur le bord du lac au pied d'un rocher couronné de sapins.

XIII

La plupart des hommes qui avaient assisté au sermon s'étaient répandus dans les auberges du village, et surtout au Hardi-Dragon. La taverne de cette dernière était une grande pièce, bordée de trois côtés par des bancs, et de l'autre par deux vastes cheminées. Près de l'une d'elles étaient assis le docteur Todd et un jeune homme, à la mine négligée mais prétentieuse, qui prenait du tabac à profusion, et regardait à chaque instant une montre d'argent suspendue par un cordon de cheveux. — Ainsi, docteur Todd, dit ce dernier, l'avocat Lippet, vous avez donc extrait tout une charge de chevrotines de l'épaule du fils de Bas-de-Cuir ?

— Oui, monsieur, dit le docteur en se rengorgeant, mais je ne savais pas que ce jeune homme fût le fils de Bas-de-Cuir ; j'ignorais que ce dernier fût marié.

— Je n'ai pas dit qu'il fût marié. Ce jeune homme

est ce que nous appelons en terme de droit *filius nullius*. Mais qu'il soit ou non fils de Nathaniel, j'espère qu'il ne laissera pas tomber l'affaire : nous avons des lois, et l'on peut faire décider si, parce qu'un homme possède cent mille acres de terre, il a plus de droit qu'un autre à tirer sur quelqu'un. Qu'en dites-vous, M. Doolittle?

Hiram Doolittle répondit : — Lorsqu'un homme tire sur un autre, il s'expose à la prison.

— C'est mon avis, dit Lippet; puisque nous jouissons de l'égalité devant la loi, il n'y a pas de privilége pour un homme devenu, on ne sait comment, grand propriétaire.

Cette idée d'un procès à faire à M. Temple paraissait peu goûtée par les auditeurs de cette conversation, lorsque Bas-de-Cuir en personne entra dans la salle. Il portait sous le bras sa carabine, et il n'ôta pas son bonnet quoique tout le monde eût la tête découverte. Il accepta un verre de bière que lui offrit Hollister comme à un ancien soldat. Presque en même temps entrèrent John Mohican, puis Marmaduke-Temple escorté de Richard, de M. Le Quoi et du major Hartmann.

XIV

Leur arrivée mit en mouvement toute l'assemblée; et le docteur Todd avec l'avocat Lippet en profitèrent pour s'éclipser. Le juge échangea des salutations avec presque toutes les personnes présentes, et alla s'asseoir à la place que le docteur Todd avait quittée. Le major se mit à son côté, demanda son verre de genièvre sucré et épicé, et commença à fumer sa pipe. Richard prit la meilleure place, et M. Le Quoi ne s'assit qu'après s'être assuré qu'il ne dérangeait personne.

— Eh bien, monsieur le juge, dit Hiram Doolittle, quelles nouvelles nous apportez-vous? Qu'a fait le congrès des États-Unis?

— On a fait des lois sur la pêche et sur la chasse, pour conserver le gibier, et j'espère qu'on en votera pour empêcher d'abattre les arbres mal à propos.

— Faites des lois tant que vous voudrez, dit Nathaniel d'un air ironique; mais comment ferez-vous garder les montagnes? Le gibier est du gibier et quand on en trouve on a droit de le tuer.

— M. Bummpo, dit gravement le juge, le devoir du magistrat est de faire respecter la loi.

— Il est dur pour un vieillard, dit Nathaniel d'être contrarié par les lois quand il veut gagner honnêtement sa vie; d'autant plus que si le bon droit l'emportait, il pourrait chasser et pêcher librement.

En parlant ainsi, Nathaniel prit un air sombre et demeura plongé dans ses réflexions. La conversation devint générale, on demandait des nouvelles au juge, qui parla de la Terreur en France, de la mort de la reine Marie-Antoinette, des massacres de la Vendée, de la reprise de Toulon sur les Anglais. M. Le Quoi en était vivement impressionné, mais il ne disait rien, et il finit par sortir, pour cacher son émotion. On continuait à causer et aussi à boire. Richard se mit à chanter une chanson bachique. L'hôtesse servait du cidre à John Mohican, le major et Marmaduke lui offraient des liqueurs, et son cerveau commençait à être passablement troublé. Le major engagea Bas-de-Cuir à chanter à son tour.

— Non, non, major, répondit le vieux chasseur; tout ce que je vois me fait trop de peine. Je n'ai pas le cœur de chanter, quand celui qui a le droit de commander ici est forcé d'étancher sa soif avec de l'eau de neige.

Alors John commença à chanter une chanson guerrière dans sa langue maternelle, sur un air monotone, accompagné d'un balancement de la tête et du corps.

Cette mélodie étrange fit taire toutes les conversations, et les assistants virent avec effroi la physionomie du sauvage prendre peu à peu une expression de férocité brutale. Quand il eut fini, Bas-de-Cuir lui dit : — A quoi bon chanter vos batailles, Chingachgook, lorsque vous avez près de vous votre plus cruel ennemi, celui qui prive le jeune Aigle de ses droits?

— Œil-de-faucon, dit l'Indien, je suis le Gros-Serpent des Delawares, et je puis encore atteindre à la piste les Mingos, comme la couleuvre se glisse dans le nid du coucou.

— Et pourquoi avez-vous tué les guerriers mingos, sinon pour conserver ce territoire aux enfants de votre père? N'ont-ils pas été donnés au Mangeur-de-Feu, et le sang d'un grand guerrier ne coule-t-il pas dans les veines du jeune chef dont la voix est étouffée, tandis qu'il a le droit de parler haut?

L'Indien parut ressentir une vague influence de ces paroles du vieux chasseur. Il rejeta ses cheveux noirs en arrière, et regarda le juge avec des yeux où se peignait un ressentiment sauvage. Il parut chercher à détacher le tomahawk suspendu à sa ceinture. Richard, au même moment, plaça un pot de cidre devant le Mohican. A cette vue sa physionomie féroce fit place à un air hébété : il saisit le vase à deux mains, se renversa pour le vider d'un trait, et eut grand peine à le replacer sur la table.

— Ne verse pas de sang! dit Bas-de-Cuir à

l'Indien : mais il est ivre, et hors d'état de faire du mal. Faites boire les sauvages, et vous en faites des brutes. Mais patience, le temps viendra où justice sera faite.

Ces paroles furent dites en langue delaware. Richard se mit à chanter. Tous les assistants ressentirent les effets de sa gaîté communicative, on but, on rit, on cria, on chanta, et quand il fallut partir, Marmaduke était à peu près le seul qui eût conservé son sang-froid. Arrivé chez lui, il ne vit plus Richard ni le major : il revint sur ses pas, et les trouva enterrés jusqu'au cou dans un tas de neige, et Richard chantait encore.

XV

Avant la scène qui se passa au Hardi-Dragon, Elisabeth avait été reconduite en sûreté à la maison.

Le lendemain, elle se leva de bon matin, impatiente de revoir les sites chers à son enfance. Elle supposait que la débauche de la veille tiendrait longtemps au lit les autres habitants de la maison, mais Richard était à sa fenêtre, en bonnet de coton, et il lui cria : — Bonne année, ma cousine, c'est ma coutume d'être toujours le premier à souhaiter la bonne année à tous les gens de la maison, grands ou petits, blancs ou noirs. Attendez-moi, je passe un habit, et je vais vous montrer toutes nos améliorations. Vous ne pouvez avoir un meilleur cicerone que moi.

Elisabeth rentra pour aller prendre un paquet scellé de plusieurs cachets, et en revenant elle prit le bras de Richard qui, en voyant Agamemnon, lui jeta un dollar pour ses étrennes.

— J'ai aussi un cadeau à vous faire, mon cousin, dit Elisabeth : mon père l'a apporté de voyage.

— Qu'est-ce donc ?

— Devinez.

— Cela me fait l'effet d'un brevet ; si c'est un grade dans la milice, je le refuse.

— Ce n'est pas dans la milice, dit Elisabeth en retirant le paquet avec coquetterie ; ceci vous procurera honneur et profit.

— Donnez, donnez, dit Richard en le lui prenant des mains, et en le décachetant avec précipitation. Quoi ! c'est ma nomination aux fonctions de shérif du comté ! grand shérif ! Que mon cousin connaît bien le cœur humain !

En parlant ainsi, Richard essuyait furtivement une

larme. Elisabeth fit diversion à son émotion, en le priant de lui montrer les changements qui s'étaient faits.

— Voici nos nouvelles rues tirées au cordeau, dit-il.
— Mais je ne vois que des arbres.

— Les rues sont tracées; dès que les arbres seront abattus, il n'y manquera plus que des maisons. Mais j'entends des voix dans le taillis. Tramerait-on quelque complot? Il faut que je veille pour justifier la confiance du gouvernement.

XVI

Grâce au bruit du vent dans les arbres verts, Richard et Elisabeth arrivèrent sans être entendus près d'un bosquet d'arbres, où Edwards, Bas-de-Cuir et l'Indien étaient absorbés dans une délibération sérieuse.

— Eloignons-nous, dit Elisabeth; nous n'avons pas le droit de surprendre les secrets de ces gens-là.

— Pas le droit! s'écria Richard, je l'ai bien le droit ; mon devoir est de surveiller les vagabonds qui commettent tant de déprédations.

Malgré la répugnance d'Elisabeth, Richard s'approcha du groupe, et écouta. — Il faut avoir l'oiseau, n'importe comment, disait Nathaniel : les dindons sauvages se font rares, et je désire en manger un.

Les deux auditeurs cachés comprirent qu'il s'agissait du dindon sur lequel les habitants du village, pour se conformer à une vieille coutume, devaient le jour de Noël exercer leur adresse. Le maître du dindon exigeait une rétribution d'un shilling de ceux qui voulaient tirer. Olivier Edwards en tenait un dans la main, qu'il fit sauter en l'air en disant : Nous n'avons qu'un coup à tirer, car ce matin j'ai donné mon dernier penny au marchand français pour acheter de la poudre. Voilà tout mon avoir, ce shilling et ma carabine ; je suis devenu tout à fait un homme des bois, et je ne dois plus compter que sur ma chasse pour vivre. Allons, Nathaniel, risquons notre va-tout.

— Mon désir d'avoir l'oiseau est trop vif, dit Bas-de-Cuir ; il fera trembler ma main. Chingachgook, prenez ma carabine, et allez tirer ce dindon attaché à une souche.

— Quand le Gros-Serpent était jeune, répondit l'Indien d'un air sombre, son coup-d'œil était sûr ; mais voyez le tremblement de mes mains ; ce n'est pas de vieillesse qu'elles tremblent : à soixante-dix ans un

Mohican n'était pas vieux autrefois. Les visages pâles apportent la vieillesse avec eux, le rhum est leur tomahawk.

— Et pourquoi en buvez-vous? dit le jeune chasseur, pourquoi abrutir votre noble nature?

— Vous avez raison, fils du Mangeur-de-Feu, John est une brute.

— Pardonnez-moi, vieux guerrier! dit le jeune homme en lui serrant la main. Maudite soit la cupidité qui a causé la ruine de votre race! Rappelez-vous que je suis de votre famille, et que j'en suis fier maintenant.

— J'avais deviné que ce garçon avait du sang indien dans les veines, dit Richard tout bas; j'ai envie de lui offrir un dollar pour tirer le dindon.

— Arrêtez! dit Elisabeth, laissez-moi faire; et elle s'approcha des trois chasseurs. A sa vue, Edwards tressaillit, mais il se remit aussitôt, et après l'avoir saluée, il resta appuyé sur sa carabine.

— Je vois, dit-elle, que la coutume de tirer un dindon le jour de Noël subsiste encore; je voudrais bien gagner l'oiseau; lequel de vous veut me prêter le secours de sa carabine?

— Ce divertissement est-il digne d'une dame? dit Olivier.

— Pourquoi pas? S'il a quelque chose d'inhumain, la faute en est à ceux qui l'ont inventé. Au reste, je n'ai pas demandé précisément votre assistance. Voici un vieux vétéran qui sera assez galant pour ne pas me refuser.

Bas-de-Cuir prit le dollar qu'elle lui présentait, changea l'amorce de sa carabine et promit en riant de tirer de son mieux. Olivier réclama son droit de tirer auparavant, en s'excusant auprès de miss Temple, qui le reconnut, et tout le monde se dirigea vers la lice.

XVII

Le propriétaire du dindon était un nègre libre, qui, après avoir fait tirer divers oiseaux de qualité inférieure, avait attaché un dindon au pied d'un gros pin, écorcé à sa base, pour qu'on vit plus distinctement la marque des balles. Tout le corps était enterré dans la neige, et l'on ne voyait sortir que la tête et le cou rouges. Il était convenu que les coups qui frapperaient le corps ne compteraient pas pour les tireurs. La distance était de deux cent quatre-vingts pieds. Les concurrents étaient une trentaine de jeunes gens, entourés de tous les petits garçons du village. Le principal orateur du groupe était le bûcheron Billy-Kirby, robuste et gigantesque jeune homme, qui passait son temps dans les tavernes, tant qu'on ne voulait pas lui payer sa journée au prix qu'il demandait, mais qui, lorsqu'on payait son travail comme il l'entendait, faisait à lui seul l'ouvrage de plusieurs hommes. Malheur à la forêt où il portait sa cognée : ses coups répétés se succédaient sans relâche, les arbres tombaient les uns sur les autres, il les empilait avec ses bras robustes, il mettait le feu aux souches et bientôt une vaste éclaircie témoignait de son ardeur au travail. Après cela, il recommençait à fréquenter les cabarets, et à suivre les combats de coqs.

Une rivalité existait depuis longtemps entre Billy-Kirby et Nathaniel; mais on n'avait pas pu comparer leur mérite respectif comme tireurs ; c'était la première fois qu'ils allaient entrer en lutte.

Le nègre Abraham était assis sur la neige à une distance de son dindon, qui ne laissait pas que de l'exposer au danger. Quand la demoiselle et Richard parurent, l'assemblée sembla éprouver quelque embarras, mais on ne tarda pas à être mis à l'aise par l'air franc et joyeux de la jeune personne.

— Rangez-vous, enfants, dit le bûcheron, c'est moi qui commence ; Abraham peut dire adieu à son dindon.

— Arrêtez! lui cria Olivier Edwards, je suis votre concurrent; voici mon shilling.

— Quelle imprudence! dit Kirby; si j'abats l'oiseau, vous aurez inutilement déboursé votre argent : vous en avez donc de reste?

— Que vous importe? dit fièrement le jeune homme.

— Ne vous fâchez pas, mon garçon, dit le bûcheron; on dit que vous avez un trou à l'épaule; et alors vous avez peu de chances de toucher l'oiseau, quand même je le manquerais.

— Pas tant de fanfaronnades, Billy, dit Nathaniel, il se peut que ce jeune homme manque son coup, mais vous me trouverez après lui.

— Vous aussi, vieux Bas-de-Cuir, vous vous en mêlez! dit le bûcheron, malheureusement pour vous, j'ai pris l'avance, et c'est moi qui me régalerai.

La physionomie du nègre exprimait le plaisir causé par l'abondance de sa recette et l'intérêt que lui inspirait la lutte. Pendant que le bûcheron mettait lentement son fusil en joue, Abraham lui criait d'une voix tonnante : — Franc jeu! Vous avancez trop, faites-le reculer. Remue la tête, dindon; ne vois-tu pas qu'on te vise? Son but était de distraire le bûcheron et de lui faire manquer son coup; mais les nerfs de Billy n'étaient pas faciles à émouvoir, et il visa avec un sang-froid imperturbable. Le dindon s'agita, mais il

se replaça dans son lit de neige sans avoir été touché.
Le nègre témoigna son contentement par mille gambades : — Bravo, dindon, dit-il en embrassant son oiseau. Billy, donnez un autre shilling, et vous tirerez un second coup.

— Non, c'est mon tour, dit Edwards ; vous avez déjà mon argent ; voyons si je serai plus heureux.

XVIII

Le jeune homme tira rapidement, mais le dindon ne bougea pas, et l'arbre ne porta aucune trace de la balle. Elisabeth vit avec surprise l'accablement d'Olivier dans un échec si peu important. La figure du nègre exprima ses craintes, quand il vit Nathaniel se mettre en devoir de tirer. Le vieux chasseur ajusta longtemps ; mais quand il lâcha la détente, le coup rata. Alors il s'éleva une discussion ; le nègre prétendait que le coup comptait et que si Nathaniel voulait recommencer, il devait payer une seconde fois. Bas-de-Cuir refusait ; enfin on prit miss Elisabeth pour juge. Elle décida que Nathaniel devait payer et tirer de nouveau. Le bûcheron réclama sa priorité, et il fallut y faire droit. Il tira, et manqua encore. Alors la joie du nègre ne connut plus de bornes, il fit mille contorsions, et finit par tomber épuisé sur la neige. C'était le tour d'Olivier, mais il refusa d'en profiter, en disant que ses forces le trahissaient. Elisabeth devina qu'il rougissait de sa pauvreté. Enfin Nathaniel pouvait tirer : il paraissait attacher le plus grand prix au succès; il visa à trois reprises : il fit feu. La fumée empêcha d'abord de connaître le résultat, mais quand Elisabeth vit son champion reposer la crosse à terre et sourire en silence, elle devina que son coup avait porté.

— Apportez l'oiseau, dit Bas-de-Cuir, et mettez-le aux pieds de mademoiselle, car je n'étais que son fondé de pouvoirs.

Elisabeth, après avoir félicité Nathaniel de son adresse, se tourna en souriant, et avec une légère rougeur vers Olivier, et lui dit : — Je n'ai tenté l'aventure que pour juger par moi-même de l'adresse prodigieuse de Bas-de-Cuir. Je vous prie, monsieur, d'accepter l'oiseau, comme un faible dédommagement de la blessure qui vous a empêché de réussir.

Olivier semblait partagé entre l'impression séduisante des manières de la jeune fille et une répugnance marquée à accepter quelque chose d'elle. Il s'inclina sans prononcer une parole et ramassa la victime. Elisabeth donna un pièce de monnaie au nègre comme consolation, et elle engagea son cousin à partir, Richard voulait rester et se servir de son autorité de shérif pour réglementer ce jeu, lorsque Marmaduke-Temple arriva et le remercia ironiquement des distractions qu'il procurait à sa fille. Richard rejeta les torts sur sa cousine, et, comme il n'avait pas vu le juge depuis qu'il avait appris sa nomination de shérif, il le remercia en disant : — C'est à vous que je dois ma place, car le plus grand mérite ne sert de rien sans protection. Un mot : connaissez-vous ce camarade de Bas-de-Cuir? son goût pour le dindon me paraît suspect.

— C'est lui-même que je viens chercher ici, et je lui donnerai les moyens de satisfaire son goût. Allons rejoindre les tireurs.

XIX

Le juge Temple prit le bras de sa fille sous le sien, et s'approcha d'Edwards qui, appuyé sur sa carabine, regardait l'oiseau étendu à ses pieds. Auprès de lui étaient Bas-de-Cuir et Mohican. Les autres amateurs parlaient d'organiser une autre partie de tir.

— J'ai de graves torts envers toi, dit le juge à Olivier qui tressaillit à cette brusque entrée en matière. Dès qu'il se fut remis, Marmaduke continua : — J'ai heureusement les moyens de t'indemniser. Mon cousin Richard va remplir des fonctions qui l'empêcheront désormais de me servir de secrétaire. Tes manières annoncent une bonne éducation, et ton épaule blessée est un obstacle à des travaux pénibles. Mon jeune ami, ma maison t'est ouverte : j'ai confiance en toi, entre à mon service, au moins pour quelque temps, et accepte un traitement convenable.

Cette proposition parut exciter chez Olivier une répugnance et même un dégoût inexplicable; il fit cependant un puissant effort sur lui-même pour répondre : — Je vous rendrais volontiers les services que vous me proposez, car ma pénurie est extrême ; mais je craindrais de négliger des affaires plus importantes, il faut donc que je continue à vivre des produits de ma chasse.

— Voyez, dit tout bas Richard à sa cousine, quel attrait à la vie sauvage pour ces sang-mêlés.

— Ton existence est précaire, dit Marmaduke : crois-moi, mon jeune ami, quitte la vie désordonnée des chasseurs qui est aussi nuisible aux intérêts matériels qu'à ceux du salut.

— Un moment, dit Bas-de-Cuir, qui jusque là s'était tenu à l'écart, prenez Olivier avec vous, mais dites-lui les choses telles qu'elles sont. Voilà quarante ans que je vis dans les bois, et dites-moi si vous trouveriez un homme de soixante-huit ans qui ait gagné sa vie plus honnêtement que moi, malgré vos lois sur la chasse.

— Tu es une exception, Bas-de-Cuir, répondit le juge en souriant avec bienveillance : mais ce jeune homme a des talents qu'il ne faut pas laisser inutiles. Je le conjure de rester dans ma maison, au moins jusqu'à ce qu'il soit entièrement rétabli : ma fille lui dira qu'il est le bienvenu.

— Certainement, dit Elisabeth avec une énergie mêlée de réserve. Nous avons toujours de la sympathie pour le malheur, surtout quand nous en sommes un peu la cause.

— Oui, monsieur, ajouta Richard, et si vous aimez le dindon, j'en ai une cinquantaine de la plus belle espèce.

XX

Marmaduke, ainsi appuyé, continua ses offres avec plus d'insistance. Olivier violemment tiraillé, était tantôt prêt à céder, tantôt en proie à une répugnance marquée. Alors Chingachgook prit la parole à son tour, et lui dit avec la dignité d'un guerrier indien :
— Ecoutez votre vieux père. Que le Jeune-Aigle et le Grand-Chef de la terre mangent ensemble : qu'ils dorment sans crainte sous le même toit. Les quakers n'aiment pas le sang, ils sont justes, et feront justice. Les Mingos et les Delawares sont nés ennemis, mais le quaker et le Jeune-Aigle sont de la même tribu; leurs aïeux sont les mêmes. Vous êtes Delaware, mon fils, un guerrier indien doit savoir être patient et attendre.

Ce langage figuré produisit une puissante impression sur Olivier, dont la résistance céda graduellement aux offres réitérées de Marmaduke. Il accepta donc la proposition à titre d'essai. Le juge conçut une opinion peu favorable du caractère d'un jeune homme qui avait tant de peine à consentir à occuper une position si inespérée. — J'ai eu besoin de me rappeler le précepte du Sauveur de rendre le bien pour le mal, en parlant à ce farouche jeune homme. Je ne vois pas ce qui pourrait l'effrayer, à moins que ce ne soit toi, Elisabeth?

— Non, dit naïvement Richard, ce n'est pas ma cousine. C'est que ces métis sont plus rebelles à la civilisation que les sauvages.

— Ses grands airs ne me plaisent pas du tout, dit Elisabeth; il semble qu'il nous fait beaucoup d'honneur en entrant dans notre maison. A quelle table lui servirons-nous le nectar et l'ambroisie?

— Il mangera avec Benjamin et Remarquable, dit Richard. Vous ne le ferez pas sans doute manger avec les noirs, quoiqu'il soit à moitié indien?

— Je m'estimerai au contraire heureux, dit le juge, s'il veut bien prendre place à ma table. On doit le traiter avec les égards qui conviennent à l'emploi qu'il va occuper, tant qu'il ne s'en montrera pas indigne.

Pendant cette conversation, les trois habitants des bois s'étaient éloignés, et pendant qu'ils traversaient la surface glacée du lac, le jeune homme s'écria : Qui m'aurait dit, il y a un mois, que je consentirais à entrer au service de Marmaduke, le plus grand ennemi de ma famille? Mais mon servage ne sera pas long, et quand les motifs qui m'y soumettent auront cessé, je m'en débarrasserai comme je secoue la poussière de mes pieds. En attendant, j'oublierai qui je suis. Vous êtes âgés, mes amis, vous ne pouvez plus supporter comme autrefois la faim et les privations. Je sens de plus en plus la nécessité de me sacrifier pour vous. Mais, de grâce, plus un mot sur ce sujet, il m'est trop pénible.

Ils arrivèrent à la cabane, où ils entrèrent après avoir enlevé une fermeture très compliquée. Elle s'appuyait contre un talus couronné d'arbres gigantesques; un immense tas de neige était amoncelé contre un des murs latéraux; une quantité de branchages était entassée contre l'autre. Au fond, une cheminée de troncs d'arbres enduits d'argile laissait échapper la fumée, dont les zigzags avaient sillonné la neige qui couvrait le flanc de la montagne.

A l'abri du froid, dans le confortable salon de la maison de son père, Elisabeth, en compagnie de Louisa Grant, se plaisait à jouir de la vue si variée du paysage.

Deux jours après, Olivier Edwards fut installé comme secrétaire du juge, et en remplit les fonctions avec autant d'intelligence que d'assiduité. Il passait ses journées avec Marmaduke, mais ses soirées, et souvent une partie de la nuit, étaient consacrées à Bas-de-Cuir, qu'il ne cessa pas d'aller voir dans sa cabane.

XXI

Le printemps vint enfin rompre la prison de glace du lac Otsego, et dès le lendemain de la débâcle, on vit arriver des nuées d'oiseaux de passage. Les pigeons surtout étaient si nombreux qu'ils obscurcissaient l'air. Tout le village fut aussitôt en mouvement ; chacun saisit une arme à feu, depuis la longue canardière jusqu'au pistolet d'arçon ; les enfants fabriquèrent des arcs et des flèches avec des branches de noyers. Marmaduke, Edwards et le shérif Richard vinrent prendre part à la chasse, ou plutôt au massacre. On tirait sur une masse compacte de pigeons, le sol était jonché de morts sans qu'on vit une éclaircie dans cette immense colonne ailée. Richard, et son acolyte Benjamin-la-Pompe, amenèrent un instrument plus puissant de destruction. C'était un fauconneau d'une livre de balles, qu'on avait monté sur de petites roues, et qui servait pour les réjouissances publiques. Ils le mirent en batterie, après l'avoir chargé de plusieurs poignées de plomb à canards, et le pointèrent vers le ciel. Richard assis, tenant un charbon allumé avec des pincettes attendait le passage d'une troupe assez compacte pour mériter son coup de canon. Tous les flaneurs du village accoururent. Bas-de-Cuir ne put contenir son indignation en voyant le fauconneau : — J'ai vu autrefois passer des vols innombrables de pigeons, et personne ne songeait à les inquiéter. Le Seigneur n'aime pas qu'on détruise inutilement ses créatures, et avec le temps on rendra justice aux pigeons aussi bien qu'aux autres.

— Tu as raison, Bas-de-Cuir, dit Marmaduke, et je crois qu'il est temps de mettre un terme à cette œuvre de destruction.

— Mettez donc aussi un terme à vos abattis de bois, monsieur le juge ; les forêts sont aussi l'ouvrage de Dieu. Usez-en, mais n'en abusez pas. Je m'en vais, je ne puis supporter les regards mourants de ces pauvres bêtes. Je ne veux qu'un oiseau, et vous savez pourquoi, M. Olivier.

En parlant ainsi, il visa un pigeon qui s'était écarté de la troupe, et l'abattit d'un coup de sa carabine chargée à balle, à la grande admiration de tous.

Ensuite il se retira, en évitant de fouler aux pieds les pigeons blessés dont la terre était jonchée. Sa morale avait fait impression sur le juge, mais elle avait été entièrement perdue pour Richard.

Le shérif avait fait ranger les chasseurs de chaque côté de la pièce. — Attention, mes amis, dit Benjamin, faites feu au signal de M. Richard.

Plusieurs milliers de pigeons avaient déjà passé au-dessus de Templeton, mais aucune bande n'était si nombreuse que celle que l'on voyait arriver ; elle s'étendait en masse compacte d'une montagne à l'autre, et les yeux n'en voyaient pas la fin. Marmaduke, oubliant les reproches de Bas-de-Cuir, vint lui-même prendre part à l'action.

— Feu ! cria le shérif, en approchant son charbon allumé de l'amorce du fauconneau. Au bruit des coups de fusil, les pigeons se pressaient les uns contre les autres, de sorte que le canon, qui ne partit qu'un instant après, porta en plein sur le gros de la troupe. La volée se dispersa en laissant des milliers de morts sur la place.

— Victoire ! s'écria Richard, nos femmes ont de quoi faire des pâtés.

— C'est assez, dit Marmaduke, il est temps de cesser ce jeu cruel. Enfants, ramassez les pigeons, je vous donnerai douze sous par tête.

Les enfants s'empressèrent de tordre le cou aux blessés avec une dextérité singulière. Le juge se retira avec ce regret qui accompagne un plaisir acheté au prix du malheur d'autrui. Le tir des pigeons fut l'amusement du peuple pendant le reste de la saison. Richard se vanta pendant maintes années de son fameux coup.

XXII

Les progrès de la belle saison furent aussi rapides que ses approches avaient été lentes et ennuyeuses.

Richard songea à commencer son rôle de grand shérif. Il se présenta le matin chez Marmaduke et entra sans cérémonies dans sa chambre. Il fut surpris de l'aspect de l'appartement : le lit n'avait pas été dérangé, quoiqu'il portât l'empreinte d'un corps, les chandelles avaient brûlé jusqu'aux bobêches; la table était couverte de lettres, de paquets et de journaux. Marmaduke avait ouvert sa fenêtre pour respirer l'air embaumé du matin; ses joues pâles et ses yeux abattus contrastaient avec la sérénité qui lui était habituelle.

— Qu'avez-vous? dit Richard, seriez-vous malade? laissez-moi vous tâter le pouls.

— Je me porte bien, dit le juge en retirant le bras; mais je souffre moralement, j'ai reçu des lettres qui m'affligent. Tenez, lisez.

— Une lettre d'Angleterre? dit Richard, elle contient sans doute des nouvelles importantes.

— Lisez-la, dit Marmaduke, en se promenant dans une agitation extrême.

La lettre était datée de Londres le 12 février 1793, et avait éprouvé un retard considérable avant d'arriver à sa destination. Richard lut tantôt à haute voix, et tantôt des lèvres, et voici les seuls passages qu'il lut distinctement : « Depuis la réception de votre dernière du 1ᵉʳ décembre... Je vous annonce avec peine que... Mais croyez que la Providence, en sa miséricorde, a jugé convenable... Le navire est parti de Falmouth vers le 1ᵉʳ septembre de l'année dernière, et... S'il me parvient quelque renseignement sur ce triste sujet, je ne manquerai pas... Mais je ne puis rien vous apprendre aujourd'hui... Le malheureux Louis XVI... Agréez l'assurance de mon profond respect, ANDRÉ HOLT. »

— Il a beaucoup de cœur pour un homme de loi, ce monsieur André Holt; mais il nous donne de bien mauvaises nouvelles.

— Voici une autre lettre du Connecticut, mais elle ne fait que répéter les avis de la première. Ma seule consolation est de penser qu'il a reçu de mes nouvelles avant de mettre à la voile. J'ai maintenant un devoir sacré à remplir, tu vas me servir de secrétaire, car j'aurai tout le jour à écrire, et il ne convient pas de mettre Olivier dans la confidence d'un pareil secret.

— Vous avez raison, dit le shérif en lui serrant la main, nous sommes enfants des deux sœurs, et la parenté est le meilleur gage d'affection. Vous aurez sans doute besoin de Dirck van der School.

Sur la réponse affirmative de Marmaduke, Richard envoya un messager pour mander l'individu de ce nom, qui était l'homme de loi de Templeton, qui n'en possédait que deux. Nous avons vu l'un un instant ; celui-ci avait de la bonté, des connaissances et de la probité pour un homme d'affaires, aussi l'appelait-on l'honnête procureur, ou le Hollandais.

XXIII

Tout le jour, le juge, le shérif et le procureur restèrent enfermés dans la chambre, où fut admise la seule Elisabeth, à qui son père communiqua en partie le motif de son profond chagrin. Olivier, surpris du changement soudain survenu dans la famille, fit quelques tentatives pour en découvrir la cause. Il entra dans un petit salon, où Elisabeth Temple et Louisa Grant travaillaient à l'aiguille, et dit : — Auriez-vous reçu de mauvaises nouvelles ? Si votre père avait besoin d'un agent de confiance pour l'envoyer en pays étranger, je suis à son service.

— Il est vrai que nous avons appris de fâcheux incidents, dit Elisabeth, il faudra peut-être que mon père s'absente, à moins qu'il n'envoie mon cousin Richard.

— Mais ne pourrait-on m'en charger?

— L'affaire ne peut être confiée qu'à un de nos parents à quelqu'un que nous connaissions bien.

— Eh! ne me connaissez-vous pas depuis cinq mois que je suis ici ? dit Edwards avec un feu rare chez lui.

Elisabeth rougit un peu en répondant : — Comment vous connaîtrions-nous? Nous savons que vous vous appelez Olivier Edwards, et vous avez dit à miss Grant que vous étiez né dans ce pays.

— Vous ne m'avez pas bien compris, dit Louisa en rougissant beaucoup; ce n'était qu'une conjecture. D'ailleurs, si M. Edwards est allié d'une famille indienne, quel reproche pourrais-je lui faire, moi qui ne suis que la fille d'un pauvre ecclésiastique sans bénéfice? En parlant ainsi, Louisa pensait avec tristesse aux tribulations de son père, et elle ajouta : — Je ne dois donc pas me croire au-dessus de M. Edwards, parce que... parce qu'il peut être parent à un degré éloigné de John Mohican.

— Je dois avouer, dit Edwards, que ma position ici est un peu équivoque, quoique je l'aie achetée de mon sang.

— Et de celui des naturels de cette contrée, dit Elisabeth en feignant de croire comme Louisa, à l'origine indienne du jeune homme.

— Mon visage porterait-il des traces évidentes de ma parenté ? Il est bruni par le soleil, mais il n'est pas plus rouge qu'un autre.

— Il l'est plus qu'un autre en ce moment, dit Elisabeth en souriant. J'aimerais moi aussi à pouvoir me dire la descendante des anciens maîtres du pays ; j'éprouverais moins de peine à voir le vieux John Mohican errer sur la montagne comme l'ombre de leurs anciens possesseurs, car je sens que mes droits sur elles sont assez contestables.

— Le penseriez-vous réellement ? dit le jeune homme avec une véhémence qui les fit tressaillir.

— Oui, je le pense, dit Elisabeth ; mais que pouvons-nous faire ? Les habitudes du vieillard ne lui permettent d'accepter ni des secours, ni un abri. Pour lui plaire, il faudrait rétablir les lieux dans leur ancien état, comme le veut Bas-de-Cuir.

— C'est vrai, miss Temple, dit Edwards ; le vœu

de l'Italien ne peut être exaucé. Tout ce que vous pouvez faire, c'est de soulager sa misère, et de répandre l'aisance dans ces belles vallées dont vous serez un jour maîtresse.

— Cette tâche serait au-dessus des forces d'une femme, dit Louisa ; elle aura sans doute quelqu'un qui se chargera de la direction de ses affaires.

— Je ne suis point ennemie du mariage, dit Elisabeth ; mais puis-je espérer de trouver un mari au milieu de ces forêts ?

— Il n'y a personne ici qui ait le droit d'aspirer à votre main, dit Edwards avec vivacité, et comme vous ne l'accorderez qu'à un homme digne de vous, vous resterez peut-être toujours comme vous êtes, aimée, respectée et admirée de tous ceux qui vous connaissent.

XXIV

Le jeune homme prit son chapeau et sortit: Louisa étouffa un soupir involontaire, et miss Temple resta pensive, les yeux fixés vers la porte par où Edwards était sorti.

La première personne qu'Olivier rencontra fut le petit procureur, sortant de la maison avec un gros paquet de papiers sous le bras. Il portait des lunettes vertes avec des verres sur les côtés. Il avait reçu une bonne éducation; mais son intelligence était peu développée, ce qui lui inspirait autant de timidité que de circonspection.

— Bonjour, M. van der School, lui dit Edwards. Vous avez bien eu de l'occupation aujourd'hui!

— Bonjour, M. Edwards, il est vrai que nous paraissons très occupés, mais il ne faut pas toujours se fier aux apparences.

— Auriez-vous besoin que je vous fisse quelques copies?

— J'ai bien ici des papiers, mais ils sont confidentiels, et, sans l'autorisation du juge Temple, je ne dois pas les montrer.

— En ce cas, ayez la bonté de dire à M. Temple que je n'ai rien à faire et que je suis à sa disposition.

— Je n'y manquerai pas, monsieur, et je vous ferai connaître sa réponse, si Dieu le veut, à cinq heures de relevée.

La position douteuse d'Edwards n'était pas faite pour donner de la confiance à un homme aussi méticuleux que le procureur, et Edwards renonça à en obtenir quelque renseignement. Ils se séparèrent à la porte de l'étude ; M. van der School y entra d'un air important en serrant avec force sous son bras son paquet mystérieux. Marmaduke resta longtemps plongé dans une rêverie mélancolique dont Olivier n'avait pu connaître la cause. Son sourire reparut pourtant avec les chaleurs de l'été. Les développements de la végétation charmèrent ses regards qui se reposaient avec plaisir sur les nuances si variées de la verdure des forêts américaines. Déjà les blés ondulaient en prenant, sous la brise, des teintes changeantes comme celles du velours, et ils cachaient les troncs des arbres restés dans les éclaircies.

XXV.

Par un beau jour d'été, Marmaduke et Richard partaient pour faire une excursion à cheval dans les montagnes. De leur côté, Elisabeth et Louisa se disposaient à faire une promenade à pied. Avant de s'éloigner, le juge recommanda à sa fille de ne pas s'aventurer dans les bois. — Les dangers sont moins grands à présent que dans l'hiver, dit-il, mais on peut y faire de fâcheuses rencontres; tu as le courage de ta mère : aies aussi sa prudence.

Quand il fut parti, Edwards qui était près de là, une ligne à la main, s'avança vers les jeunes filles. Louisa avertit vivement Elisabeth de son approche, mais celle-ci reçut le jeune homme avec une politesse froide, qui le déconcerta. Cependant Edwards leur offrit de les accompagner.

— Mon père vous en a-t-il chargé? dit Elisabeth.

— Non, mais j'ai cru comprendre qu'il appréhendait pour vous quelque danger : et, si vous y consentez, je prendrai un fusil à la place de ma ligne.

— Je vous remercie, monsieur Edwards; mais comme il n'y a pas de danger, nous n'avons pas besoin de protection. S'il nous faut un garde, il est facile à trouver. Ici, Brave.

L'énorme chien, dont nous avons parlé, sortit de sa niche en bâillant, et allongea ses pattes pour solliciter une caresse. — Allons, mon ami Brave, tu as autrefois bien servi ton maître, voyons comment tu serviras aujourd'hui sa fille.

Le chien remua la queue, comme s'il comprenait ces paroles, il s'avança lentement, et vint s'asseoir devant Elisabeth, en la regardant d'un air intelligent. Celle-ci après avoir fait quelques pas, s'arrêta pour dire à Edwards d'un ton de conciliation : — Vous

pouvez encore nous être utile, sans vous fatiguer
en nous apportant quelques perches pour notre dîner
En parlant ainsi, ss Temple continua son chemin,
sans regarder comment Edwards supportait son refus;
mais Louisa se retourna furtivement plusieurs fois

— J'ai peur, dit-elle, que vous n'ayez mortifié M.
Olivier; il ne bouge pas, il doit nous trouver bien
fières.

— Cette fierté, si c'en est, convient à notre sexe,
dit miss Temple, en paraissant sortir d'une rêverie
profonde. Nous ne devons pas admettre dans notre intimité un jeune homme dont la position est si
équivoque.

XXVI

Après avoir regardé les jeunes filles s'éloigner,
Olivier murmura quelques mots sans suite; puis il
se dirigea vers le lac, détacha un bateau qui appar-
tenait à M. Temple, y entra, et se mit à ramer avec
force. Cet exercice calma peu à peu l'agitation de son

esprit ; la réflexion lui fit comprendre les motifs du refus d'Elisabeth, et il avait assez de délicatesse pour ne l'en estimer que plus. Il traversa le lac avec une rapidité extrême, et aborda près de la hutte de Nathaniel. Après avoir jeté un regard investigateur autour de lui, il poussa un sifflement aigu que les échos répétèrent. A cet appel, les chiens attachés dans leurs niches d'écorce se démenèrent avec fureur et hurlèrent piteusement.

— Tout beau, Hector ! dit Olivier en faisant entendre un nouveau sifflement. Au son de sa voix, les chiens rentrèrent dans leur niche, mais aucun homme ne parut. Le jeune homme entra dans la cabane, où il resta environ une demi-heure. Quand il en sortit, la chienne se dressa contre lui, comme pour lui demander de la délivrer de ses liens ; mais Hector se contenta de lever le nez, en poussant un gémissement aigu qui se fit entendre au loin. — Qu'est-ce que tu sens ? dit Edwards ; est-ce un homme, ou un animal ? En parlant ainsi, il gravit un tertre, d'où il aperçut Hiram Doolittle, qui se glissait dans les buissons avec une rapidité peu ordinaire. — Que veut-il ? murmura Olivier. Il n'a rien à faire ici, mais c'est sans doute la curiosité qui le pousse. Il faut que j'y mette ordre, supposé que les chiens laissent passer sa vilaine figure.

Il ferma la porte de la cabane en passant une chainette dans un crampon de fer, et en l'assujettissant avec un cadenas. Après cela, il retourna dans son bateau, et apercevant au loin Bas-de-Cuir et John Mohican, dans une embarcation d'écorce, il fit force de rames pour les rejoindre. Les vieillards l'accueillirent avec des signes d'amitié, mais sans mot dire, parce qu'ils étaient occupés à pêcher. Edwards fit accoster son bateau au leur, amorça sa ligne et la jeta dans le lac. Au bout d'un instant, Nathaniel lui dit : — Vous êtes-vous arrêté au wigwam en passant?

— Oui, tout y est en ordre, mais j'ai vu Hiram Doolittle rôder dans les bois. Supposant qu'il avait envie d'entrer dans la cabane, j'en ai fermé la porte avec soin. D'ailleurs il est trop lâche pour approcher des chiens.

— Il m'a demandé la permission d'y entrer, mais je ne lui ai répondu que d'une manière évasive, car je m'en méfie.

— Et moi aussi, dit Edwards ; il se fait un jouet du shérif, et je crains que sa curiosité ne nous jette dans quelque embarras.

— S'il s'approche trop du wigwam, dit Nathaniel, je tire dessus.

— Gardez-vous en bien, dit Edwards, il nous arriverait malheur à tous.

— Je vous crois, mon ami ; car vous avez un bon sang dans les veines. N'est-ce pas, John ?

— C'est un Delaware, dit Mohican. Il est mon frère, il est brave, et il sera un chef ; aucun mal ne peut lui arriver.

Pionniers. 7

— Mes amis, je suis à vous pour la vie, dans la bonne comme dans la mauvaise fortune.

— Oui, vous serez chef, dit Mohican. Ce territoire a été possédé par ma nation ; elle l'a donné, en conseil, au Mangeur-de-Feu, et sa décision durera tant que les eaux suivront leur cours.

Ils se turent, se remirent à pêcher, et prirent des perches et des truites saumonées. Nathaniel, qui avait été le plus heureux, amorçait de nouveau sa ligne, lorsque tout à coup il approcha son oreille de la surface de l'eau attentivement. — Si je n'avais attaché moi-même mes chiens avec une courroie neuve de peau de daim, je croirais que c'est Hector qui aboie sur la montagne.

— C'est impossible, dit Edwards ; il n'y a pas une heure que je l'ai laissé dans sa niche. Et il riait en voyant les deux vieillards continuer à écouter avec la plus grande attention.

— Riez si cela vous plaît, dit Bas-de-Cuir ; mais les chiens sont lâchés et chassent un daim. Je ne me trompe pas, et j'en suis fâché, non pas que je respecte la loi, mais le gibier est maigre dans cette saison, et les chiens se fatigueront inutilement. Eh bien, les entendez-vous ?

En effet, les aboiements, d'abord interceptés par une colline, se faisaient maintenant entendre avec force, et l'on vit tout à coup les branches des aunes de la rive s'écarter, et un daim sauter dans le lac, poursuivi par les chiens de Nathaniel.

— Je le savais bien, s'écria celui-ci. Le daim leur a passé sous le vent, et ils n'ont pu résister à leur ardeur. Arrêtez, coquins, allez-vous-en, ou vous aurez des coups de ligne.

XXVII

Les chiens, reconnaissant la voix de leur maître, décrivirent un cercle en nageant, et retournèrent avec répugnance au rivage, où ils remplirent l'air de leurs cris. Cependant le daim, effrayé par la poursuite des chiens avait déjà fait la moitié du chemin entre le rivage et le bateau, avant d'apercevoir le nouveau danger qui le menaçait. En entendant la voix de Nathaniel, il rebroussa chemin, mais les aboiements des chiens l'empêchèrent de se diriger sur le rivage qu'il venait de quitter. Il fit donc un mouvement oblique vers le centre du lac, pour gagner la rive opposée. A cette vue, les vieux chasseurs ne se con-

tinrent plus, et oublièrent les prohibitions de la loi.
— Arrêtez! leur criait en vain Edwards, on vous voit du village, et je sais que le juge Temple est décidé à poursuivre quiconque tuera un daim en temps prohibé. Vains avertissements, la barque suivait le daim avec la plus grande vélocité. Bas-de-Cuir avait déjà sorti sa carabine, lorsqu'un remords le prit de se servir sur l'eau d'une arme faite seulement pour la terre. Il saisit donc un harpon et le lança contre l'animal, mais il ne frappa que ses larges cornes, et l'arme tomba dans le lac. Cependant le daim fatigué, tantôt disparaissait presque tout entier, tantôt nageait avec force. En ce moment Edwards, qui arrivait avec sa barque tout près de l'animal, oublia les leçons de la prudence, et cria à Mohican de manœuvrer à droite, qu'il allait saisir le daim par les cornes. Les yeux du vieil indien brillaient d'une animation sauvage, il fit décrire à son embarcation des spirales qui resserrèrent de plus en plus l'espace où se débattait l'animal; Edwards le voyant arriver de son côté, lui lança une corde au bout de laquelle il avait fait un nœud coulant, et parvint à saisir un des andouillers de la victime. L'effort que l'animal fit pour s'en débarrasser faillit faire sombrer le bateau d'Edwards; mais Nathaniel lui plongea son couteau dans la gorge, et le tira dans son embarcation, en riant sous cape selon son habitude.

— Tant pis pour Marmaduke et pour ses lois! dit-il; mais depuis longtemps la mort d'un daim ne m'avait pas fait tant de plaisir.

Mohican, de son côté, semblait retrouver une nouvelle ardeur dans ce souvenir des exercices de sa jeunesse ; il toucha la bête d'une main que le travail forcé qu'elle venait de faire rendait tremblante, et il dit : — Don !

Edwards, en se calmant, exprima la crainte d'avoir transgressé la loi, et l'espoir qu'on ne les aurait pas vus. — Ce qui me passe, dit-il, c'est que les chiens aient été détachés. On débarqua, et en examinant le bout de la lanière de peau de daim qui avait servi à les attacher, on remarqua qu'elle ne s'était pas déchirée, mais qu'elle avait été coupée avec un couteau. Pendant que Nathaniel et Edwards faisaient des conjectures sur celui qui avait fait cet acte, John Mohican regardant de plus près la courroie, s'écria : — Elle a été coupée de loin par un couteau bien affilé attaché au bout d'un long manche. L'homme aura eu peur des chiens, il se sera tenu loin, sans cela il aurait coupé la courroie près du collier, et la coupure indique que le couteau était bien affilé.

— C'est le charpentier, dit Nathaniel.

— Mais dans quelle intention ? dit Edwards ; vous ne lui avez point fait de mal.

— Je connais sa démangeaison de voir l'intérieur de ma cabane, et pour la satisfaire, il aura coupé les attaches des chiens dont il avait peur.

— Vos soupçons sont fondés, dit Edwards. Donnez-moi votre canot ; je suis jeune et vigoureux, j'arriveral peut-être assez tôt pour déranger ses projets. Dieu nous préserve d'être à la merci d'un tel homme.

La proposition fut acceptée ; Mohican resta avec le daim dans le plus grand canot, tandis qu'Edwards se dirigeait avec l'autre vers la cabane, et que Nathaniel s'y rendait en passant par la montagne.

XXVIII

Tandis que la chasse se faisait sur le lac, miss Temple et Louisa poursuivaient leur promenade avec l'activité de la jeunesse, et elles étaient parvenues sur une éminence qui dominait la cabane de Bas-de-Cuir. Les jeunes filles, par une réserve naturelle, ne s'étaient jamais entretenues de la position singulière d'Olivier Edwards ; mais à la vue de la cabane qu'il avait longtemps habitée, Elisabeth exprima un vif désir de connaître le mystère que devait renfermer cette demeure.

Miss Grant dit qu'elle était sûre qu'elle n'y apprendrait rien de désavantageux pour M. Edwards.

— C'est possible, dit Elisabeth, mais au moins saurions-nous qui il est.

— Nous le savons déjà, le shérif, votre cousin, ne vous a-t-il pas dit que Nathaniel Bumppo avait passé presque toute sa vie dans les bois où il avait fait la connaissance de John Mohican, à qui il sauva la vie dans un combat; que le roi d'Angleterre entretenait des agents auprès des tribus indiennes, avec qui ils entraient dans des rapports très intimes : que ces agents avaient quelquefois des enfants à qui on faisait donner une excellente éducation en Angleterre.

— Et vous croyez Richard, qui croit tout savoir? A son compte, Mohican serait l'oncle et le grand-père maternel d'Olivier Edwards?

— Précisément.

— Malgré cela je doute encore, et Richard qui sait tout devrait bien nous dire pourquoi cette cabane est la seule à cinquante milles à la ronde, qui soit fermée à clef.

— Je suppose que ces gens-là, étant pauvres, veulent conserver le peu qu'ils ont. Si vous saviez ce que c'est qu'être pauvre, miss Temple !

— J'espère que vous ne le savez pas plus que moi maintenant.

— Je ne l'ai su que trop : mon père a été longtemps missionnaire dans les nouvelles colonies; les fidèles étaient pauvres, et nous avons souvent manqué de pain. Que de fois j'ai vu mon père, appelé par ses fonctions, quitter sa famille désolée et affamée que son absence laissait sans secours !

— Mais à présent le revenu de votre père est bien suffisant...

— Oui, dit Louisa en cachant ses larmes, car il n'a plus que moi à soutenir.

Elisabeth embrassa tendrement son amie, dont l'émotion éclatait en sanglots, et elles s'enfoncèrent toutes deux sous l'ombre des grands arbres, dont la fraîcheur les délassa agréablement de la chaleur du jour et des fatigues de la montée. De temps en temps elles voyaient briller à travers le feuillage la nappe unie du lac Ostego, et elles entendaient arriver jusqu'à elles le bruit des travaux des habitants de la vallée. Tout à coup Elisabeth s'écria : — Ecoutez ! ne sont-ce pas les cris d'un enfant égaré sur la montagne ?

— Marchons du côté de la voix, dit Louisa, peut-être est-il exposé au danger de mourir.

Guidés par les gémissements sourds qui venaient de la forêt, les deux jeunes filles doublèrent le pas. Elisabeth se figurait par intervalles voir l'enfant : soudain, Louisa la prit par le bras en lui disant : — Regardez le chien !

Jusque là le vieux chien n'avait guère joué le rôle de protecteur : quand les jeunes filles s'arrêtaient pour regarder le paysage ou pour cueillir des fleurs, il se couchait et fermait les yeux. Mais cette fois, il était en arrêt, les yeux fixés sur un objet éloigné, et le poil hérissé de frayeur, ou plutôt de colère, car il grognait sourdement et montrait les dents d'une manière menaçante. — Paix! Bravo, dit miss Temple, que vois-tu d'inquiétant ?

La fureur du chien ne s'apaisait pas ; il alla s'asseoir à côté de sa maîtresse, en grondant sourdement et poussant de temps en temps un aboiement sinistre. — Il voit sans doute quelque animal, dit Elisabeth. Louisa ne répondit pas, mais elle tendit ses mains tremblantes et convulsives vers un objet, sur lequel Elisabeth porta ses regards ; elle vit alors, dans les branches d'un hêtre, une panthère, aux yeux fixes et menaçants, prête à s'élancer. — Fuyons, s'écria Elisabeth en saisissant par le bras sa compagne, qui se laissa aller par terre privée de sentiment. Elle n'était pas d'un caractère à abandonner son amie dans cet état ; elle se jeta au contraire à genoux à côté d'elle, déchira ses vêtements pour lui donner de l'air, et excita le chien d'une voix tremblante.

Une petite panthère, n'ayant encore que le quart de sa taille, sortit tout à coup d'entre les branches d'un hêtre, en jouant comme un jeune chat. Elle semblait s'efforcer d'imiter les mouvements de sa mère, en aiguisant ses griffes contre le tronc de l'arbre, et en se battant les flancs de sa queue. Elle s'approcha du chien en gambadant, tandis que Bravo, ferme et immobile, suivait des yeux ses deux adversaires. Dès que la jeune panthère fut à sa portée, il la saisit par le dos entre ses robustes mâchoires et la lança en l'air avec force. Cette facile victoire donna un rayon d'espérance à Élisabeth; mais la mère furieuse se précipita d'un bond sur le dos du mâtin. Le combat qui suivit ne peut se peindre par des paroles. Des hurlements épouvantables l'accompagnaient. La panthère était presque toujours en l'air; bondissant sur ses quatre pattes elle retombait toujours sur le dos ou le cou du chien. Brave, malgré les nombreuses blessures que lui faisaient les griffes de son ennemie, la secouait aussi facilement qu'une plume. Acculé sur ses pattes de derrière, il lui présentait sa gueule menaçante, et ses yeux étincelants. Par malheur, l'âge et le défaut d'exercice ne lui permettaient pas de soutenir longtemps une pareille lutte. De toutes ses anciennes qualités, le courage était la seule demeurée intacte. Enfin, par un effort convulsif, le chien enfonça ses crocs dans les flancs de la bête féroce, mais Élisabeth vit le collier de cuivre de Brave se couvrir de sang, et pendant que la panthère faisait d'inutiles efforts pour se débarrasser des mâchoires du chien, celui-ci, sans lâcher prise, tomba tout à coup sur le dos, et après quelques convulsions, desserra les dents et expira.

Les jeunes filles se trouvaient donc sans défense à la merci de la bête féroce. On dit que le regard de l'homme exerce une influence mystérieuse sur les animaux; ce fut peut-être une action de cette nature qui suspendit en ce moment le coup fatal. L'animal ne parut occupé que d'examiner le cadavre de son ennemi et de flairer sa progéniture: bientôt ses yeux lancèrent des éclairs, sa queue battait ses flancs à coups précipités, ses griffes sortiront de leurs gaines. Miss Temple la regardait avec terreur; pâle comme un marbre elle essayait de prier, mais ses lèvres restaient immobiles; les mains jointes, elle attendait la mort à chaque instant, lorsqu'elle entendit un bruissement derrière elle dans le feuillage et une voix qui lui disait tout bas : Baissez-vous, votre chapeau me cache la tête de la bête. Elisabeth inclina la tête, plutôt par un mouvement instinctif, que pour obéir à cette invitation. Un coup de feu partit, la balle siffla, et la panthère roula sur la terre en poussant un cri de rage, en se mordant les chairs, et en arrachant les branches d'arbre qui étaient à sa portée. Aussitôt Bas-de-Cuir parut en criant : A bas ! Hector ! ces bêtes ont la vie dure, n'en approche pas.

Bas-de-Cuir se plaça entre les jeunes filles et la panthère qui se relevait et redevenait menaçante; il rechargea son arme, tira à bout portant à la tête de l'animal, et l'étendit raide. Miss Temple crut sortir du tombeau; le danger avait surexcité ses facultés, et son imminence avait augmenté son énergie. Pendant toute la durée de cette horrible scène, elle n'avait pas un instant perdu de vue le terrible animal. Longtemps après cet événement, elle le revoyait encore dans ses songes troublés, et tous ses mouvements étaient restés gravés dans ses souvenirs. Bas-de-Cuir alla puiser un peu d'eau dans son bonnet à une des mille sources de la montagne, et s'en servit pour rappeler Louisa de son évanouissement. A la vive expression de reconnaissance des jeunes filles le vieux chasseur ne répondit qu'avec une indifférence qui prouvait qu'il attachait peu d'importance à son action. — Nous parlerons de cela une autre fois, dit-il ; à présent, mettons-nous en route, car vous devez désirer de rentrer dans la maison paternelle.

Les deux amies s'acheminèrent lentement, à cause de la faiblesse de Louisa. Quand elles furent sur la lisière de la forêt, l'aspect du village qui s'étendait sous leurs pieds au bord du lac, les rassura tout à fait, et elles se séparèrent de leur guide en arrivant au grand chemin. Bas-de-Cuir les suivit des yeux, jusqu'à ce qu'un détour de la route les dérobât à sa vue ; alors il siffla ses chiens et rentra dans la forêt. — Ma foi, se disait-il, il y avait de quoi effrayer même des femmes plus courageuses. Je crois que j'aurais mieux fait de viser la panthère aux yeux plutôt qu'au front : pourtant le coup est assez bon. Qui va là ?

— C'est moi, Monsieur Bas-de-Cuir, dit Doolittle, qui sortit des buissons en voyant la carabine se diriger de son côté. Est-ce que vous chassez en cette saison ? la loi ne vous fait donc pas peur ?

— La loi et moi nous sommes bons amis, dit Nathaniel.

— Mais vous vendez quelquefois du gibier : vous savez qu'il y a une amende de 12 dollars et demi pour quiconque chasse le daim de janvier à juillet ; et le juge est sévère.

— Je le sais bien : il est capable de tout. Savez-vous combien on accorde aux dénonciateurs?

— Je crois que c'est la moitié, dit Hiram en baissant les yeux; mais vous avez du sang sur votre manche, auriez-vous chassé ce matin?

— Oui, et j'ai fait un bon coup.

— Je le crois, car vos chiens ne chassent que du gibier de choix.

— Ils vous chasseraient vous-même, si je le voulais, dit Nathaniel avec son rire sournois. Ici, Hector! ici, chienne!

— Oh! j'ai entendu parler de leurs qualités, dit Doolittle en retirant alternativement les jambes, que les chiens flairaient d'une manière alarmante; mais où est votre gibier!

— Le voilà, qu'en dites-vous?

— Eh! c'est le chien de M. Temple; j'espère que ce n'est pas vous qui l'avez tué?

— Jugez vous-même; sa gorge vous fait-elle l'effet d'avoir été coupée avec un couteau?

— Elle est horriblement déchirée! qui donc a pu faire ces blessures?

— Les panthères qui sont derrière moi.

— Des panthères! s'écria Hiram, en se retournant vivement.

— Ne craignez rien, M. Hiram, le chien a tué l'une, et c'est moi qui ai fermé pour toujours la gueule de l'autre.

— Mais où est le daim? demanda Hiram d'un air peu assuré.

— Quel daim? croyez-vous que je contrevienne à la loi? je n'ai tué que des panthères, ce qui n'est pas défendu, j'espère.

— Pas du tout; vous avez même droit à une récompense. Vos chiens chassent donc la panthère?

— Toute espèce de gibier, et même l'homme, ne vous l'ai-je pas dit?

Pendant que Doolittle manifestait son étonnement, Nathaniel s'était assis par terre et s'occupait à scalper avec son couteau les têtes des deux panthères. Quand il eut fait cette opération avec une grande dextérité, il dit : — Vous êtes juge de paix, faites-moi un bon pour toucher la prime.

— La prime! dit Hiram, eh bien, allons à votre cabane, vous avez sans doute une Bible, vous prêterez serment sur les Evangiles.

— Je n'ai pas de livres; qu'est-il d'ailleurs besoin de jurer? Vous voyez les choses de vos propres yeux; s'il faut prêter serment, je le ferait devant le juge Temple.

— Mais nous n'avons ici ni plume ni encre ; il nous faut entrer dans votre cabane, pour que j'écrive le bon.

— Je n'ai ni encre ni papier ; à quoi ces jouets d'écoliers me serviraient-ils? Je ne sais pas écrire. Au diable le morceau de cuir qui pend au cou de mes chiens ! ils finiront par s'étrangler ; prêtez-moi un peu votre couteau.

Hiram Doolittle le lui donna sans penser que Bas-de-Cuir en avait un ; celui-ci le lui rendit après s'en être servi, en lui disant d'un air d'insouciance : — C'est du bon acier, et ce n'est pas la première fois qu'il coupe des courroies comme celles-ci.

— M'accuseriez-vous d'avoir lâché vos chiens? dit Hiram troublé par la conscience de sa mauvaise action.

— Non, je les lâche toujours moi-même en quittant ma cabane.

La stupéfaction que montra Doolittle, en entendant ce mensonge, aurait suffit pour le déceler. Le sang-froid du vieillard fit place tout à coup à son indignation, et il s'écria en frappant la terre avec la crosse de sa carabine : — Prenez garde, M. Doolittle, je ne sais ce qui peut vous tenter dans ma pauvre cabane ; mais si vous y entrez sans ma permission, si vous en approchez même, vous vous en repentirez.

— Et moi, dit Hiram, en battant prudemment en

retraite, je vous déclare en face que vous avez enfreint la loi, et que vous aurez bientôt de mes nouvelles, car je suis juge de paix.

— Je me moque de vous comme de la loi ; retirez-vous, car le diable me tente, et si je vous rencontre encore dans les bois, je tirerai sur vous comme sur un oiseau de proie.

Le juge de paix, voyant du danger à pousser à bout le vieux chasseur, se hâta de s'éloigner. Nathaniel descendit à sa cabane, attacha ses chiens, et frappa à la porte qui lui fut ouverte par Edwards. — Tout est-il en bon ordre? demanda-t-il en entrant.

— Tout : on a essayé de forcer la serrure, mais elle était trop solide.

— Je connais le maraudeur, dit Nathaniel ; qu'il se tienne loin de la portée de ma carabine... Le reste se perdit dans le bruit que fit la porte en se fermant.

XXIX

Pendant que Marmaduke-Temple et son cousin se promenaient dans les bois, le cœur du père avait été trop récemment touché par les meilleurs sentiments de notre nature, pour qu'il se sentît disposé à la conversation. Richard avait un air d'importance plus marqué qu'à l'ordinaire. Lorsqu'ils furent dans les environs de la cabane de Nathaniel, il s'arrêta brusquement, et dit d'un ton solennel : Savez-vous, mon cousin, pourquoi je vous ai conduit de ce côté-ci ?

— Pas le moins du monde, dit Marmaduke.

— Vous saurez donc... mais auparavant je dois vous dire qu'il y a dans l'étendue de votre juridiction trois personnes qui sans avoir reçu de l'instruction sont capables de tout faire. L'un est Hiram Doolittle, dont nos maisons attestent le talent, comme charpentier, et qui ne le cède à personne dans la manière de rendre la justice, comme juge de paix.

— Et d'un, dit Temple qui ne semblait pas avoir envie de contester.

— Le second est Jotham Riddel.

— Quoi! dit Marmaduke avec indignation, ce spéculateur inquiet, qui change de pays tous les trois ans, et d'occupation à chaque instant, tantôt cultivateur, tantôt maître d'école? Je n'admets pas du tout les talents que vous lui attribuez. Et le troisième, c'est vous, sans doute. Et c'est ce trio qui a fait une importante découverte?

— Je ne vous ai pas parlé de moi. Vous savez que vous avez, sur vos domaines un individu, nommé Nathaniel Bumppo, qui, après avoir vécu seul pendant quarante ans, s'est adjoint deux compagnons. Vous savez encore que l'un est un vieux chef indien, le dernier ou l'avant-dernier de sa tribu, et l'autre, un jeune homme qui est, dit-on, le fils d'un agent anglais et d'une indienne.

— Qui dit cela? demanda Marmaduke, dont l'intérêt parut plus vivement excité.

— La voix publique; ce jeune homme a des manières, de l'éducation; comment se fait-il qu'il fasse sa société de deux hommes tels que Nathaniel et John Mohican?

— Tu viens d'aborder un sujet qui m'a souvent occupé l'esprit : aurais-tu pénétré quelque chose de ce mystère, ou si c'est seulement par conjecture?...

— J'ai des faits positifs. Je vous ai souvent entendu dire qu'il y a des mines dans ces montagnes; or, j'ai toutes raisons de croire que Mohican et Bas-de-Cuir exploitent en secret une de ces mines depuis plusieurs années.

Le shérif avait touché la corde sensible, et Marmaduke était tout oreilles.

— Je les ai vus, continua Richard en jetant autour de lui des regards inquiets; je les ai vus de mes propres yeux monter et descendre la montagne avec des pelles et des pioches, et d'autres les ont vus porter la nuit, avec mystère, divers objets dans leur cabane.

Marmaduke gardait le silence, mais son front était contracté, et ses yeux fixés sur son cousin : — C'était du minerai, continua Richard. Maintenant pourriez-vous me donner quelques renseignements sur cet Olivier Edwards, que vous avez chez vous depuis la Noël?

Marmaduke fit un signe négatif.

— C'est un homme de sang-mêlé, dit Richard, car Mohican ne se cache par pour l'appeler son parent. Souvenez-vous que, un mois environ avant qu'il parût ici, Nathaniel fit une absence de plusieurs jours. C'était au moment de votre départ pour aller chercher Elisabeth : on chercha le vieux chasseur pour avoir du gibier pour porter à vos amis, mais on ne le trouva point chez lui. Il revint dans la nuit, poussant devant lui une brouette, d'où on le vit tirer avec précaution un objet volumineux couvert d'une peau d'ours. Quel était le motif de tant de précautions?

— On se sert de ces brouettes pour transporter du gibier.

— Comment l'aurait-il tué, puisqu'il avait donné sa carabine à réparer dans le village? Ce qui me fait croire qu'il a rapporté des instruments secrets, c'est que depuis cette époque, il n'a laissé approcher personne de sa cabane. Ce fut quinze jours après son retour que M. Edwards parut dans ces montagnes, paraissant s'occuper de chasse, mais en réalité explorant des mines. Lorsque la gelée ne permet plus de creuser la terre, M. Edwards profite d'un accident heureux pour prendre de bons quartiers d'hiver; encore maintenant il passe une partie de ses journées et ses nuits dans cette hutte, ils y fondent de l'argent; ils s'y enrichissent, Marmaduke, et vous devenez pauvre.

— Faisons la part du vrai et du faux dans ces découvertes; dis-moi ce que tu as vu toi-même

— J'ai vu John avec les pelles et les pioches; j'ai vu les débris de la brouette. Hiram a vu Nathaniel s'en servir sur la montagne; il lui a proposé de l'aider, mais il a essuyé un refus. Depuis la fonte des neiges, Jotham Riddel nous a été utile pour épier les mineurs.

Sans avoir grande confiance dans les acolytes de Richard, Marmaduke ne pouvait s'empêcher de voir quelque chose d'étrange dans les relations d'Edwards avec Bas-de-Cuir ; et quelques circonstances qu'il se rappelait corroboraient ses soupçons en répondant à une de ses faiblesses. Le juge Temple avait toujours devant les yeux l'avenir de ces contrées : là où les autres ne voyaient que des forêts, il voyait des villes, des routes, des manufactures. L'idée d'une mine d'argent lui souriait donc comme étant un des éléments de la prospérité du pays. — Cependant, se demandait-il, Olivier Edwards ne serait pas dans un état voisin de la misère, s'il avait fait une telle découverte.

— Mais c'est parce qu'il est pauvre qu'il cherche de l'argent, dit Richard. Son instruction même lui fournit les moyens de fondre.

— Elisabeth m'a dit qu'il était à son dernier sheling, quand il est entré chez moi.

— Si cela était, il ne l'aurait pas dépensé pour tirer au dindon. S'il n'avait plus d'argent, c'est qu'il l'avait employé à acheter des outils.

— Serait-ce possible que j'eusse été si longtemps sa dupe ? Il est vrai que ses manières étaient quelquefois maussades : je les attribuais au ressentiment de sa blessure. Richard, tu as fait naître en moi des soupçons que je veux tirer au clair : pourquoi m'as-tu amené ici ?

— Jotham, d'après mes ordres et ceux d'Hiram,

s'est tenu aux aguets sur la montagne. Il a fait une découverte, dont il ne peut pas parler, parce qu'il est lié par un serment; mais il sait où est la mine, il a même commencé à fouiller ; mais il ne veut pas continuer sans votre permission, parce que la terre vous appartient. C'est tout près d'ici. Quand nous l'aurons visitée, je vous montrerai une excavation à laquelle les trois chasseurs ont travaillé pendant six mois ; nous l'avons trouvée cette semaine.

En parlant ainsi, Richard et Marmaduke se mirent en route, et arrivèrent bientôt à un endroit où Jotham était enfoncé jusqu'au cou dans un trou qu'il avait creusé. Il ne répondit que d'une manière évasive et d'un air mystérieux aux questions du juge ; mais il affirma qu'il existait là un métal précieux, et il demanda, avec un sérieux qui attestait la bonne foi, quelle serait sa part dans les bénéfices de l'entreprise. Après plus d'une heure passée à examiner toutes les pierres et à chercher les affleurements qui pouvaient indiquer la présence du minerai, le juge se laissa conduire à l'excavation creusée par les chasseurs dans les flancs de la colline.

— Rien ne nous empêche d'en approcher, dit Richard en descendant de cheval ; Mohican, Bas-de-Cuir et Olivier sont à la pêche ; toutefois, avançons avec prudence, car il ne serait pas agréable d'être surpris par eux.

— Sur mes terres ! s'écria Marmaduke piqué ;

j'ai le droit de savoir pourquoi ils ont creusé ce trou.

Richard, en engageant Marmaduke au silence, l'aida à descendre un escarpement assez abrupte, et le conduisit à l'ouverture carrée d'une excavation, devant laquelle était un monceau de terre fraîchement remuée. Cette grotte semblait naturelle, mais elle portait des traces de coups de pioches indiquant sur les roches tendres des parois, que les mains de l'homme l'avaient agrandie. La hauteur était plus considérable que ne l'exigeaient des recherches minéralogiques ; ce n'était qu'un effet du hasard qui avait réservé un gros bloc formant une sorte de toit horizontal. La terre extraite avait été rejetée immédiatement en dehors de l'ouverture, et formait comme une espèce de petite plateforme, autour de laquelle les talus de la montagne descendaient presque à pic, ce qui en rendait l'accès très difficile. Les outils cachés dans un buisson voisin indiquaient que les travaux n'étaient pas encore achevés.

— Eh bien, demanda Richard, êtes-vous convaincu?

— Oui, je vois qu'il y a ici une retraite cachée avec assez d'habileté, mais je ne vois pas trace de mine.

— Croyez-vous que l'or et l'argent se trouvent à la surface du sol, comme les cailloux? Non, il faut les chercher en terre. Mais laissons-les miner. Je saurai bien plutôt préparer une contre-mine.

Le juge examina la place avec soin, prit des notes, et remonta ensuite à cheval avec son cousin. Ils se séparèrent à l'entrée de la grande route. Le shérif prit les devants pour convoquer les vingt-quatre jurés qui devaient faire partie des assises présidées par Marmaduke le lundi suivant. Le juge laissant aller la bride sur le cou de son cheval s'acheminait tout pensif. — Cette affaire contient quelque mystère : j'ai trop écouté la voix du cœur, et pas assez celle de la raison, en donnant asile à ce jeune homme. Je ferai venir Bas-de-Cuir, et je tâcherai par mes questions de lui faire dire la vérité.

A ce moment, Marmaduke aperçut sa fille et Louisa qui descendaient lentement de la montagne. Il pressa son cheval de l'éperon et fut bientôt auprès d'elles. Dès qu'il eut entendu la narration animée d'Elisabeth, il oublia toute idée de mine et de propriété, et au lieu de voir en Nathaniel un misérable pillard, il ne vit plus en lui que le sauveur de son enfant.

XXX

Remarquable Pettibone, qui oubliait la blessure faite à son orgueil, à la vue des avantages et des commodités de sa place, et qui avait conservé ses fonctions dans la maison du juge Temple, fut chargée de reconduire miss Grant dans l'humble demeure que Richard décorait du nom pompeux de presbytère. Pendant ce temps, Marmaduke était enfermé avec sa fille, et nous devons respecter le sanctuaire de l'amour paternel. Au moment où le rideau se lève pour le lecteur, on voit le juge se promenant de long en large dans sa chambre, le visage exprimant une tendre mélancolie, et la jeune fille penchée sur un canapé, l'œil humide, et les joues colorées par l'émotion. — Le secours est venu à propos, dit le juge ; tu n'as donc pas voulu abandonner ton amie, ma brave Elisabeth?... Je ne croyais pas qu'il y eût des panthères dans le bois... Il fut interrompu par un coup violent frappé à la porte extérieure. Un moment après, Benjamin la

Pompo vint annoncer d'un air mécontent que M. Doolittle désirait parler au juge, et qu'il avait insisté, quoiqu'il lui eût dit que le moment était mal choisi.

— Nous allons avoir les assises, dit Marmaduke, et sans doute le juge de paix veut me communiquer quelque affaire de sa compétence. Qu'on fasse entrer M. Doolittle.

Hiram salua, en entrant, avec la gravité du magistrat; il passa la main dans ses cheveux comme pour faire sortir des idées de sa tête, et il dit enfin : — Il paraît que miss Temple a failli être dévorée par des panthères?

Marmaduke ne répondit que par un signe affirmatif.

— Bas-de-Cuir va avoir la belle prime que la loi accorde pour chaque tête de bête féroce.

— Je me charge de le récompenser, dit Marmaduke.

— Nos assises ne seront pas très remplies, reprit Hiram. Jotham Riddel s'est arrangé avec l'acheteur de sa métairie. Il y aura fort peu d'affaires civiles, et les affaires criminelles ne sont que des délits de chasse.

— Sois inexorable contre les délinquants, s'écria le juge.

— C'est ce que je pensais, dit Hiram ; voilà pourquoi je suis venu vous demander un mandat de perquisition contre Nathaniel Bumppo, qui a en ce moment dans sa cabane un daim qu'il vient de tuer.

— Signe le mandat toi-même, tu es magistrat, pourquoi venir m'importuner de cette affaire?

— C'est que, comme c'est la première de ce genre qui se présente depuis la promulgation de la loi, j'ai cru devoir faire intervenir votre autorité.

— Eh! bien, dit Marmaduke, va rédiger le mandat à mon bureau, et je le signerai.

Lorsque Hiram fut sorti, Elisabeth s'apprêtait à faire des représentations à son père qui lui ferma la bouche en lui disant : — Ne t'effraie pas des paroles de cet homme. Si l'on trouve le daim chez Bas-de-Cuir, il en sera quitte pour une amende que tu paieras. Je pourrai donc m'acquitter avec le vieux chasseur, sans compromettre ma réputation de magistrat.

Le juge Temple calma sa fille par cette assurance, et alla à son bureau signer le mandat rédigé par Hiram. En sortant, il rencontra Olivier Edwards, qui s'approcha vivement de lui, et lui dit avec une chaleur inaccoutumée : — Je vous félicite de toute la sincérité de mon cœur. Nathaniel vient de me raconter, et j'en frémis encore, le danger terrible qu'ont couru miss Grant et votre fille...

Le jeune homme éprouvait un certain embarras en prononçant ce dernier mot, mais Marmaduke était trop ému pour s'en apercevoir : — Je te remercie, Olivier, lui dit-il, viens rendre tes devoirs à Elisabeth.

Olivier y mit un tel empressement qu'il devança presque le juge. La froideur de miss Temple disparut,

Marmaduke oublia ses soupçons, et deux heures se passèrent dans une telle intimité, que ce ne fut qu'après en avoir plusieurs fois manifesté l'intention qu'Olivier se leva pour aller porter ses félicitations à miss Grant.

Cependant toute cette bonne harmonie, et les intentions bienveillantes du juge en faveur de Bas-de-Cuir, furent détruites par la scène qui se passait en ce moment dans la hutte. Lorsque Hiram fut muni de son mandat de perquisition, il chercha quelqu'un pour le mettre à exécution, ne se souciant pas de s'exposer lui-même aux dangers probables qu'il y avait à le faire. Il songea à Billy-Kirby, et l'envoya chercher. Il ne lui expliqua pas complètement le but de la mission dont il voulait le charger, mais après avoir excité son amour-propre en lui offrant une occasion de faire preuve de son courage et de sa force, et sa cupidité en lui promettant une bonne récompense, il le décida à accepter les fonctions de constable spécial, et lui fit prêter serment de les remplir consciencieusement. Ils partirent, Hiram, Jotham et le bûcheron, et ce ne fut que lorsqu'ils eurent quitté le grand chemin et atteint les rives du lac que Kirby demanda le nom du délinquant chez qui on allait faire des perquisitions. Au nom de Nathaniel Bumppo, il dit : — S'il ne s'agit que de lui, il n'est pas de taille à lutter avec moi ; il a soixante-dix ans, et n'est pas d'une force bien remarquable.

— Mais sa carabine ? dit Hiram.

— Je me moque de sa carabine, est-ce qu'il voudrait s'en servir contre moi? S'il tue des daims, c'est son état, et la loi n'a pas été faite pour lui.

— La loi a été faite pour tous, dit le juge de paix, et elle punit sévèrement le parjure.

— Laissez-moi aller trouver Bas-de-Cuir, dit l'insouciant bûcheron ; nous mangerons peut-être ensemble une tranche de son daim.

— Si vous pouvez arranger l'affaire à l'amiable, dit Hiram, je ne demande pas mieux.

En parlant ainsi, ils avaient atteint la cabane; Hiram, par prudence, s'arrêta derrière les branches d'un pin abattu, qui formaient devant la porte, une espèce de cheval de frise. Le bûcheron poussa un sifflement aigu, qui fit sortir les chiens de leur niche et Nathaniel de sa demeure.

— Ah! vous voilà, Bas-de-Cuir! dit Kirby, j'ai à vous remettre une petite lettre de la part des autorités.

— Que me veulent les autorités? dit Nathaniel en mettant la main devant ses yeux éblouis par les rayons du soleil couchant.

— Voici la lettre : si vous ne pouvez pas la lire, M. Doolittle, qui est ici près, vous en dira le contenu, il paraît que vous avez cru être déjà au premier août.

Dans cet intervalle, Nathaniel avait aperçu le juge de paix ; à sa vue, son visage, qui avait un air de bienveillance, s'assombrit; il recula vers l'intérieur de sa cabane, et dit d'un ton concentré : — Je n'ai rien à démêler avec vous, retirez-vous de peur que le diable ne me tente. Je ne vous ai jamais fait de mal ; pourquoi venir tourmenter un pauvre vieillard ?

— Mon Dieu ! dit Kirby qui s'était assis tranquillement sur le tronc du pin renversé, je ne vous en veux pas, quoique vous m'ayez vaincu au tir, seulement l'histoire dit que vous avez tué un daim aujourd'hui.

— Je n'ai tué que deux panthères, répondit Bas-de-Cuir, et pour preuve voici la peau des deux bêtes que j'allais porter au juge pour avoir la gratification promise.

Kirby prit les deux peaux et s'amusa à les balancer pour faire sauter les chiens qui le connaissaient. Hiram, exaspéré de son sang-froid, se hasarda à sortir de sa retraite, et il se mit à lire le mandat de perquisition, en appuyant sur les passages les plus importants, et surtout sur la signature du juge

— Marmaduke-Temple a mit son nom au bas de ce papier ! dit Nathaniel. Cet homme ne mérite pas d'avoir une telle fille ; il aime mieux ses terres que sa chair et son sang. Maintenant qu'y a-t-il à faire ?

— Rien qu'une simple formalité, dit Hiram en s'efforçant de prendre un air amical ; entrons chez vous et terminons ; ne vous inquiétez pas de l'amende, je suis sûr que M. Temple la paiera.

Nathaniel était sur ses gardes, et lorsque Hiram

s'approcha, il lui fit signe de battre en retraite : — Ne vous ai-je pas dit de ne point me tenter ! s'écria-t-il, allez vous-en: je vous fais grâce de la prime, mais laissez-moi tranquille ; je ne veux pas qu'on prenne ma cabane pour une grande route.

La curiosité d'Hiram était encore plus éveillée par ce refus obstiné. Il prit alors l'air le plus digne qu'il put, et dit : — Au nom du peuple, en vertu de ce mandat et des fonctions dont je suis revêtu, je demande l'entrée de cette maison.

— N'approchez pas, prenez garde, dit Bumppo avec violence.

— Vous résistez à la loi ! à moi, Billy, Jotham, il me faut des témoins !

Au moment où Hiram faisait un pas en avant pour pénétrer dans la cabane, les mains vigoureuses de Nathaniel le saisirent par les épaules et le repoussant avec force l'envoyèrent tomber à plus de quinze pas. Ce mouvement brusque de Bas-de-Cuir causa un moment de stupéfaction aux deux spectateurs, mais la chute de Hiram fit partir Billy d'un éclat de rire. — Bravo, bravo, s'écria-t-il: M. Doolittle n'avait pas tort quand il parlait de votre force; allons, mes amis, venez-en aux mains, Jotham et moi nous jugerons des coups.

— Billy-Kirby, cria Hiram qui n'était pas encore relevé, faites votre devoir, au nom de la loi, arrêtez cet homme !

Mais Bas-de-Cuir avait saisi sa carabine et en présentait le bout au bûcheron, en lui disant : Au large, je ne veux pas vous faire de mal, mais votre sang et le mien couleront avant que vous entriez chez moi.

Billy-Kirby, qui n'était pas venu avec de mauvaises dispositions contre Bas-de-Cuir, fut blessé de son attitude menaçante : — Puisque vous me traitez de la sorte, dit-il, nous allons voir ; M. Doolittle, répétez votre ordre.

Mais il n'y avait plus de magistrat : à la vue de la carabine, Hiram et Jotham avaient décampé, courant de toutes leurs forces vers le village, pour être plus tôt hors de portée.

— Vous avez fait peur à ces lâches, dit Billy, mais vous ne m'effrayerez pas moi. Relevez votre carabine, ou bien nous allons avoir une querelle à nous deux.

— Je ne vous veux pas de mal à vous, dit Nathaniel, en relevant sa carabine, mais je vous demande si l'on peut laisser entrer chez soi un pareil coquin. Je conviens avec vous que j'ai tué un daim, et, pour preuve, je vous permets d'en emporter la peau. La prime servira à payer l'amende, et ainsi tout le monde sera content.

Kirby en tomba d'accord, reçut la peau du daim des mains de Nathaniel, se réconcilia complètement avec lui, et retourna au village en riant tout seul au souvenir de la chute de M. Doolittle. On en causait déjà dans les rues : le retour de Kirby avec la peau rendait toute perquisition inutile, et comme il ne s'agissait plus que de percevoir l'amende et de maintenir la dignité du peuple, choses qu'on pouvait faire aussi bien le lundi suivant que le samedi soir qui était sacré pour bien des gens, on suspendit toutes les hostilités pendant trente-six heures.

XXXI

L'émotion générale se calmait, les groupes des gens du village commençaient à se disperser, chacun rentrait dans sa maison, et fermait sa porte derrière lui, avec l'air grave d'un homme qui vient de tenir conseil sur les affaires publiques, lorsque Olivier Edwards, sortant du presbytère, rencontra l'avocat Lippet. Quoique leurs tournures d'esprit eussent peu de rapports, comme ils appartenaient au petit nombre des habitants bien élevés du village, ils se rencontraient rarement sans se parler — Comment le juge va-t-il se tirer de l'affaire de Nathaniel Bumppo? dit l'avocat.

— Quelle affaire? dit Edwards.

— Vous ne savez donc pas qu'il est poursuivi pour

avoir tué un daim ce matin, et qu'il lui faudra payer une amende de dix dollars?

— Bah! il la paiera : j'ai fait quelques économies sur mes appointements pour un projet qui me tient au cœur; mais je dépenserais jusqu'à mon dernier centime pour l'empêcher d'aller en prison.

— Ce n'est pas tout : le juge Temple a décerné un mandat de perquisition.

— Un mandat de perquisition! s'écria Edwards en pâlissant; est-ce qu'on serait entré dans la cabane de Bas-de-Cuir? Qu'y aurait-on découvert?

— On a vu sa carabine, et on en a assez vu.

— Le vieux chasseur les a donc fait fuir! dit Olivier avec un rire convulsif.

— Il n'y a pas là de quoi rire; le cas est grave; et il sera difficile de lui éviter l'amende et la prison. Se porter à des voies de fait contre un magistrat, et menacer un constable avec une arme à feu!

— Emprisonner Bas-de-Cuir, c'est lui causer la mort, dit Olivier. Mais à mesure qu'il reprenait son sang-froid, il comprenait la gravité des charges qui pesaient sur son ami. Il confia sa défense à M. Lippet, courut au château, et demanda à Benjamin la Pompe, où était Marmaduke.

— Il est entré à son bureau avec M. Doolittle.

— Et miss Temple?

— Vous la trouverez au salon, dit le majordome. Que ce Bumppo est un digne homme ! Il lui a sauvé la vie ; je suis son ami : vous et lui vous pouvez compter sur moi.

— Nous pouvons avoir besoin de votre amitié, dit Edwards en serrant la main de Benjamin. Et sans attendre sa réponse, il entra dans le salon. Elisabeth était assise sur le sofa où nous l'avons laissée, la tête appuyée sur sa main, et livrée à ses réflexions. — Miss Temple, lui dit Olivier en s'approchant d'elle avec réserve, je désire vous entretenir un instant.

— C'est vous, dit Elisabeth d'une voix plus douce qu'à l'ordinaire et en levant vers lui ses yeux humides ; comment avez-vous laissé notre pauvre Louisa?

— Miss Grant est auprès de son père, répondit Olivier ; elle remercie le ciel, et elle a reçu mes félicitations avec une sensibilité profonde, et les yeux baignés de larmes. Il est vrai que je les lui ai présentées avec bien plus de présence d'esprit que je n'en avais eu auprès de vous ; mon émotion, en apprenant le danger que vous aviez couru, était si grande, que je pouvais à peine balbutier quelques mots.

Elisabeth, domptant une émotion passagère, reprit en souriant : — Votre ami Bas-de-Cuir est devenu le mien. J'ai songé à le récompenser...

— Que Dieu vous récompense de vos bonnes intentions ! Il a eu l'imprudence d'oublier la loi, mais je dois partager le châtiment, puisque j'ai pris part à son délit.

— Il faut que la loi ait son cours ; mais tout se bornera à de simples formalités ; mon père est juge, mais il est homme et chrétien, et quant à moi, je ne laisserai jamais languir en prison celui qui m'a sauvé la vie.

— Quel soulagement vous me donnez ! dit Olivier. Bas-de-Cuir ne sera donc plus inquiété? votre père le protégera?

— Il va vous le déclarer lui-même, car le voici.

Marmaduke parut, mais sa physionomie contredisait les assurances favorables de sa fille. Ses traits étaient contractés et il fit plusieurs tours dans l'appartement sans prendre garde à Edwards. — Tous nos plans sont dérangés, dit-il; Bas-de-Cuir a appelé sur lui la sévérité des lois ; il n'est plus en mon pouvoir de le protéger.

— Et quelle sera sa punition ! demanda Edwards.

— Vous êtes ici ? dit Marmaduke : je ne vous avais pas remarqué. J'ignore ce qu'il en résultera; un juge ne peut rien dire sans avoir consulté le jury, je ferai mon devoir.

— Personne ne doute de votre esprit de justice, dit Edwards; mais l'âge, les mœurs et l'ignorance de mon vieil ami ne sont-elles pas des circonstances atténuantes?

— Certainement, mais peuvent-elles le faire acquitter? La loi ne doit-elle pas être respectée dans ceux qui la font exécuter? Serait-ce pour qu'on les reçoive à coups de carabine que j'aurais dompté le désert?

— Vous auriez mieux fait de dompter les bêtes féroces qui menaçaient la vie de votre fille.

— M. Edwards ! s'écria Elisabeth.

— Paix ! ma fille, interrompit le juge ; jeune homme, je te pardonne ton injuste observation, à cause de ton amitié pour Nathaniel.

— Oui, c'est mon ami, dit Olivier, et je m'en fais honneur, il est simple, ignorant, plein de préjugés, mais son bon cœur rachèterait mille défauts.

— C'est un excellent homme, dit Marmaduke avec douceur, mais il m'a toujours montré de l'antipathie ; c'est un caprice de vieillard que je lui pardonne. Quand il sera traduit devant moi, je ne me souviendrai ni de ses torts ni de ses services : son crime n'en sera ni augmenté à mes yeux ni diminué.

— Son crime ! répéta Edwards ; est-ce un crime que de repousser de sa demeure un misérable pillard ? S'il y a quelqu'un de criminel ici, ce n'est pas lui.

— Qui est-ce donc ? demanda Marmaduke en regardant tranquillement le jeune homme dont l'agitation allait croissant.

— Quoi ? s'écria Olivier, interrogez votre conscience, sondez votre cœur, si vous en avez un, cherchez comment vous êtes devenu propriétaire de ces vallons et de ces collines, et quelle est la cause de la détresse de Mohican et de Bas-de-Cuir.

Le juge, étonné de cette virulente apostrophe, fit

signe à sa fille de garder le silence et répondit : — Olivier Edwards, tu oublies à qui tu parles. On dit que tu descends des anciens chefs du pays : l'éducation que tu as reçue t'a bien peu servi si elle ne t'a pas fait connaître la légitimité des titres par lesquels nous possédons vos terres. Ce sont tes ancêtres, si tu es de sang indien, qui nous les ont vendues. Mais il faut nous séparer, l'heure est venue, tu es trop resté chez moi. Viens à mon bureau, je te paierai ce que je te dois. Ton intempérance de langue ne t'empêchera pas de faire ton chemin dans le monde, si tu veux mettre à profit les conseils d'un homme qui a sur toi l'avantage de l'expérience.

La colère du jeune homme était tombée; il regardait d'un air égaré Marmaduke s'éloigner. Elisabeth se cachait le visage de ses mains. — Miss Temple, lui dit Olivier, je me suis oublié, je vous ai oubliée vous-même. Ce soir je quitte votre maison, je ne voudrais pas emporter votre ressentiment.

— Je vous pardonne, M. Edwards, dit Elisabeth en se levant pour se diriger vers la porte, mon père vous pardonnera aussi. Vous nous avez méconnus; mais un jour viendra où vous changerez d'opinion....

— Sur vous, jamais! interrompit Olivier.

— J'ai à vous parler, monsieur, et non pas à vous écouter. Il y a dans cette affaire quelque chose que je ne comprends pas; mais dites à Bas-de-Cuir qu'il trouvera toujours ici des amis aussi bien que des juges.

Notre rupture ne lui nuira en rien. Adieu, M. Edwards, je vous souhaite beaucoup de bonheur.

Olivier Edwards voulait lui répondre, mais Elisabeth avait déjà quitté l'appartement. Il resta un moment stupéfait, puis, au lieu de suivre Marmaduke à son bureau, il se précipita hors de la maison et prit sa course directement vers la cabane des chasseurs.

XXXII

Richard ne revint pas de l'exercice de ses devoirs officiels avant la fin du jour suivant, et fort tard. Son principal but avait été l'arrestation d'une bande de faux-monnayeurs cachés dans les bois. Il les ramenait avec une escorte de constables, et il ne rentra chez lui qu'après les avoir fait mettre en prison. — Holà! Agamemnon! Brave! tout le monde dort ici; je suis le seul à veiller pour la sécurité publique. Ce chien se fait paresseux. Enfin un être animé sortit lentement de la niche, mais au lieu de s'avancer sur quatre pieds, il ne marchait que sur deux. Au lieu du chien, c'était le noir Agamemnon, dont Richard reconnut la tête crépue à la clarté des étoiles. — Que diable faites-vous là? Pourquoi prendre la place de cette bête?

— Hélas! monsieur Richard, quel affreux malheur... je ne l'ai pas encore enterré, j'ai attendu votre retour...

— Qui donc? Serait-il arrivé malheur à Benjamin?

— Ah! c'est pire que toute imagination! Sur la montagne... une panthère... miss Temple et miss Grant se promenaient. Sans Nathaniel Bumppo... il a la gorge toute déchirée... venez voir.

Richard n'y comprenait rien, lorsque Benjamin, paraissant sur la porte avec une chandelle à la main, fit voir le cadavre de Bravo étendu dans sa niche et décemment couvert de la redingote d'Agamemnon.

— Comment ce chien est-il mort? demanda Richard; où sont le juge et ma cousine?

— Ils sont couchés.

— Que s'est-il donc passé?

— Vous allez tout savoir, répondit le majordome.

Il faut dire qu'une des habitudes de Richard était de tenir un journal détaillé de ses observations météorologiques et des événements saillants de la localité. Depuis que ses fonctions l'obligeaient à de fréquentes absences, il avait imaginé de charger

Benjamin de tenir note des faits principaux, qu'il transcrivait à son retour, en y ajoutant ses propres réflexions. Malheureusement, Benjamin savait à peine lire, et n'avait jamais pu réussir à former une lettre. Cet obstacle n'avait pas arrêté le shérif, qui était convenu avec son scribe de quelques signes hiéroglyphiques pour indiquer la pluie, le vent, etc.; quant aux incidents, il devait les exprimer par des dessins grossièrement faits sur une ardoise.

Benjamin avait posé ses tablettes sur une table à côté d'un pot de bière, d'une pipe encore allumée, et d'une bible, son unique lecture. Le shérif prit son journal dans un tiroir fermé à clé, et se prépara à y transcrire les observations de son suppléant. Tout ce qui avait rapport à la météorologie était suffisamment intelligible, mais force lui fut de recourir aux commentaires de Benjamin pour découvrir le sens des hiéroglyphes destinés à lui faire connaître les incidents marquants des jours précédents. Une multitude de crans alignés à la suite les uns des autres indiquaient le nombre de minutes qu'avait duré le dernier sermon de M. Grant. Une pleine lune dépeignait la figure de madame Hollister, la cabaretière; un verre divisé en trois parties montrait que Benjamin avait bu chez elle, en trois visites, trois verres de rhum. Un animal semblable à un rat et deux sonnettes figuraient la panthère et les deux demoiselles qu'elle avait failli dévorer. Une espèce de fantôme n'était autre que Nathaniel qui les avait délivrées.

Le récit de cet événement émut beaucoup Richard ; après une pause il reprit l'ardoise et demanda ce que signifiaient ces deux hommes qui semblaient boxer.
— Quoi ! s'écria-t-il, la paix publique a été troublée ! je n'en suis pas étonné, car je n'étais pas là pour la maintenir.

— Ces hommes sont le juge Temple et M. Edwards, dit le majordome.

— Comment ! ils se sont battus ! il s'est passé plus d'événements en trente-six heures que pendant les six mois précédents. C'est sans doute pour la mine, car voici le dessin d'une pioche.

— C'est une ancre, et cela veut dire que le jeune homme, après une discussion assez violente avec M. Temple, a levé l'ancre et a pris le large.

— Edwards a donc quitté la maison ?

— Précisément. Comme les fenêtres étaient ouvertes, je les ai entendus se quereller, et finalement le juge a donné congé au jeune homme.

Richard apprit de même la mésaventure du juge de paix Doolittle ; mais, dans sa narration, Benjamin ménagea Bas-de-Cuir le plus qu'il put. A cette nouvelle, Richard prit son chapeau et sortit, laissant le majordome stupéfait. Le shérif avait couru à la taverne, où il était sûr de rencontrer un bon nombre de ses constables. Il en réunit huit qu'il emmena avec lui sur les bords du lac. Lorsqu'ils eurent traversé la

Susquehannah sur un petit pont de bois, Richard leur apprit le but de leur expédition. Il s'agissait d'arrêter ce soir même Bas-de-Cuir et de le conduire en prison, pour le faire comparaître aux assises qui commençaient le lendemain. Les constables comprirent qu'il y avait quelque danger à l'arrestation d'un homme pourvu d'armes à feu et gardé par deux chiens. Ils eurent donc la précaution de se diviser en deux bandes, tandis que le shérif, marchant droit à la porte, devait leur donner le signal de l'attaque. Quelle ne fut pas sa surprise, en ne voyant à la place de la cabane qui lui était bien connue qu'un monceau de débris fumants. La pâle lueur de quelques jets de flamme sortant du milieu des cendres éclairait les visages désappointés des constables; ils étaient comme pétrifiés, et Richard lui-même avait perdu l'usage de la voix.

Tout à coup on vit apparaître Bas-de-Cuir, marchant à travers les cendres fumantes; il jeta sur la troupe des regards plus tristes qu'irrités, ôta son bonnet et dit d'une voix plaintive : — Que demandez-vous d'un vieillard sans défense? Vous avez chassé du désert les créatures que Dieu y avait placées; vous m'avez chassé de la demeure que j'avais habitée quarante ans. Pour vous empêcher de violer ma cabane, j'ai été forcé de la brûler, et je pleure sur ses débris comme un père sur son enfant. Vous avez déchiré le cœur d'un vieillard qui ne vous a jamais fait de mal; vous lui inspirez des pensées amères, lorsque vous ne devriez pas troubler en lui les pensées d'une autre vie, et vous venez le surprendre à minuit, comme des chiens qui harcèlent un daim. Que voulez-vous de plus? je suis seul contre vous : je pleure, et je ne cherche pas à me défendre ; faites de moi ce qu'il vous plaira.

Par un mouvement involontaire, les constables avaient assez élargi leur cercle pour que Nathaniel s'échappât, s'il l'avait voulu; mais, dédaignant de fuir, le vieux chasseur passa devant chacun d'eux, comme pour voir qui mettrait la main sur lui le premier. Richard Jones, sortant de son trouble, le fit prisonnier, en s'excusant sur son devoir qui l'y obligeait, et la bande ralliée emmena Bas-de-Cuir au village. Pendant la marche, on le questionna sur les motifs qui lui avaient fait brûler sa cabane, et sur la retraite de John Mohican, mais à toutes ces questions il opposa un profond silence. Enfin fatigués de leurs courses, et, vu l'heure avancée, le shérif et sa suite regagnèrent leurs domiciles, après avoir enfermé dans la prison Bas-de-Cuir, ce vieillard en apparence privé d'amis.

XXXIII

La longueur des jours de juillet avait permis à tous ceux qui devaient figurer à quelque titre dans les assises, d'être rendus avant que la cloche de l'académie eût annoncé l'heure fixée pour rendre justice aux gens lésés et pour infliger la punition aux coupables. De toutes parts on voyait arriver des jurés, fiers des fonctions qu'ils allaient remplir, ou des plaideurs qui cherchaient à se concilier ceux qui devaient prononcer sur leurs intérêts. A dix heures et demie, la place était encombrée de curieux. Au premier coup de cloche, Richard sortit de l'auberge du Hardi-Dragon, tenant à la main une épée dans le fourreau, marque de son autorité, et criant : — Place! place à la cour! On obéissait à cet ordre, mais sans servilité. A la suite du shérif marchaient plusieurs constables armés de leurs bâtons, et ensuite venait le juge Marmaduke accompagné de quatre assesseurs. Quelques constables supplémentaires et trois ou quatre avocats, complétaient le cortège.

Les assises se tenaient dans la prison même, vaste édifice de bois percé de petites fenêtres à travers les barreaux desquelles on voyait les figures des prisonniers, et entr'autres celle de Bas-de-Cuir. La salle d'audience était au premier étage. Une estrade élevée au fond de la pièce, avec des bancs pour les assesseurs et un fauteuil pour le juge, formait le tribunal, qui était séparé par un grillage du reste de la salle. Les sièges des jurés étaient adossés au mur en amphithéâtre. Une balustrade séparait le public des fonctionnaires et des accusés.

L'audience ouverte, on expédia quelques affaires civiles de peu d'importance, et on appela ensuite la cause de Bas-de-Cuir, que deux constables amenèrent à la barre. Le silence de l'auditoire devint si profond qu'on pouvait entendre la respiration pénible du prévenu. C'était la première fois qu'il franchissait le seuil d'une cour de justice, et son sentiment le plus vif semblait être la curiosité. Il ne fut pas médiocrement surpris en parcourant de ses yeux tous les assistants, de voir tous les regards fixés sur lui. Il se regarda lui-même, comme pour en chercher la cause, et il allait rire de son rire habituel, lorsqu'il entendit le juge Temple lui dire : — Nathaniel Bumppo, ôtez votre bonnet.

— Qu'y a-t-il? demanda-t-il en tressaillant à l'appel de son nom.

Son avocat, M. Lippet, lui dit un mot à l'oreille,

et il ôta son bonnet. M. Dirck van der School, qui remplissait les fonctions du ministère public, lut son acte d'accusation. La principale charge était d'avoir outragé M. Hiram Doolittle, dans l'exercice de sa mission de juge de paix. Après la lecture, Nathaniel Bumppo, qui paraissait avoir prêté beaucoup d'attention pour comprendre ce qu'on disait, poussa un long soupir; on attendit en vain qu'il parlât : il resta muet.

— Nathaniel Bumppo, dit le juge, qu'avez-vous à répondre aux charges dirigées contre vous?

Le vieillard, après avoir incliné un moment la tête comme pour réfléchir, la releva brusquement et dit : — Il est vrai que j'ai secoué un peu rudement le charpentier, mais je n'avais aucune des mauvaises intentions dont on m'accuse dans ce bavardage; autrefois, dans l'ancienne guerre, je ne dis pas...

Le juge Temple voyant que l'accusé allait s'égarer, engagea son avocat à prendre la parole pour lui. M. Lippet, après avoir conféré un instant avec son client, dit qu'il soutenait n'être pas coupable.

— Je puis bien dire que je ne suis pas coupable, dit Nathaniel, car j'avais bien le droit d'empêcher quelqu'un d'entrer dans ma cabane. Pour tout au monde, je n'y aurais laissé mettre le pied à personne.

Richard qui continuait à voir un mineur dans Bas-de-Cuir, échangea un regard d'intelligence avec Hiram.

On appela les témoins. Hiram déposa des faits tels qu'ils s'étaient passés, mais en faisant entendre qu'il s'était présenté d'une manière pacifique, tandis que Bas-de-Cuir avait pris tout de suite une attitude menaçante. L'avocat demanda à Hiram s'il était constable, et, sur sa réponse négative, il fit remarquer qu'il n'avait pas qualité pour mettre à exécution le mandat de perquisition. Hiram balbutia quelques mots, mais ne put pas établir le contraire.

— Je vous demande encore, dit l'avocat enchanté de son succès, si ce vieillard sans défense ne vous a pas interdit à plusieurs reprises l'entrée de son domicile.

— Oui, mais je ne pouvais en comprendre le motif, car je venais chez lui en voisin.

Ces paroles donnaient gain de cause à Bas-de-Cuir. L'avocat dit qu'il ferait tort à l'intelligence du jury, s'il en disait davantage. Le ministère public s'en rapporta à la sagesse de la cour. Le juge Temple fit un résumé favorable à l'accusé, en lui rappelant qu'il était sous le coup d'une seconde accusation plus grave. Le jury rendit donc un verdict favorable à Nathaniel.

— Nathaniel Bumppo, vous êtes acquitté, lui dit le juge.

Un rayon de joie éclaira le visage du vieillard; il remit son bonnet remercia le juge de la bienveillance qu'il lui avait témoignée, et ouvrit la barrière pour sortir.

Nathaniel croyait en être quitte ; mais lorsqu'il voulut mettre le pied hors de la barrière, le bâton d'un constable l'arrêta. M. Lippet lui dit un mot à l'oreille ; le vieillard se rassit, et ôta son bonnet, avec un air soumis et mortifié. Sur l'invitation du juge Temple, le ministère public lut le second acte d'accusation, qui contenait la charge contre Bas-de-Cuir d'avoir résisté à l'exécution d'un mandat de perquisition les armes à la main. La gravité de l'accusation augmentait l'intérêt qu'éprouvaient les spectateurs. Certaines expressions de cet acte excitèrent dans le cœur de Bumppo une indignation qu'il ne put contenir : — Je ne suis pas un homme sanguinaire, s'écria-t-il : j'ai combattu autrefois comme un soldat qui craint Dieu et ses chefs, et je n'ai jamais frappé un ennemi sans défense, pas même un Mingo.

— Songez à vous défendre, Nathaniel Bumppo, dit le juge.

Nathaniel réfléchit un moment, ensuite il releva la tête, et, montrant le bûcheron avec son rire muet, il dit : — Si j'avais fait usage de ma carabine, Billy-Kirby serait-il ici ?

— Vous prétendez donc que vous n'êtes pas coupable ? dit M. Lippet.

— Sans doute, Billy sait bien que je n'ai pas tiré.

— Développez vos moyens de défense, dit le juge touché de la simplicité du prévenu.

Hiram s'avança pour déposer une seconde fois. Son premier échec lui avait servi de leçon : il entra dans des détails très circonstanciés et affirma que Nathaniel avait dirigé sa carabine contre le bûcheron, constable spécial régulièrement assermenté, et l'avait menacé de le tuer. Jotham Riddel à son tour confirma tous ces faits dans des termes presque identiques. L'avocat Lippet, malgré ses nombreuses questions, ne put parvenir à les mettre en contradiction. Le bûcheron vint ensuite faire une déposition qui avait l'intention d'être sincère, mais qui était fort embrouillée. L'avocat Lippet l'interrogea longuement, et il résulta de ses réponses, qu'il avait eu peur un moment, mais que bientôt il s'était expliqué avec Bas-de-Cuir, et que la peau du daim tué avait été le gage de la réconciliation. Cette réconciliation fut confirmée par une poignée de mains que se donnèrent l'accusé et le témoin. M. Lippet se rassit d'un air satisfait, comptant sur le succès; mais M. Van der School exposa au jury que la loi était au-dessus de toutes les susceptibilités; que ce n'était point une action indifférente que de diriger une arme à feu sur un constable; et qu'il y aurait danger pour la société à laisser un pareil acte impuni.

Le juge Temple fit le résumé des débats : il reconnut que la loi avait plus besoin de respect dans un pays comme celui-ci qui était sur les confins de la civilisation et de l'état sauvage ; que l'accusé n'avait pourtant pas eu l'intention de nuire au constable, et qu'il avait agi moins par mauvais vouloir que par l'influence de ses habitudes, et qu'en conséquence il avait quelque droit à l'indulgence.

Les jurés se consultèrent sans quitter leurs places, et bientôt le chef du jury déclara l'accusé coupable. Le juge prononça l'arrêt de la cour, qui, ayant égard à l'ignorance de l'accusé, le dispensait de la peine de vingt coups de fouet appliqués sur les épaules nues, et le condamnait à une heure d'exposition publique, à une amende de cent dollars, et à un mois de détention dans la prison du comté. La détention devait continuer tant que l'amende ne serait pas payée.

— Où voulez-vous que je trouve cette somme ? Est-ce dans les bois ? dit Nathaniel avec amertume ; contentez-vous de m'ôter la prime qui m'est due, et ne parlez pas de m'enfermer pendant le peu de jours que j'ai à vivre.

— Vous pouvez faire vos observations sur l'application de la peine, dit le juge avec douceur.

— Si vous me mettez en prison dit Nathaniel, les mains convulsivement serrées sur la barre, je ne pourrai jamais payer l'amende ; tandis que si vous me laissez vivre dans les bois quoique j'aie soixante-dix ans sonnés, je chasserai nuit et jour pour parfaire la somme avant la fin de la saison. Ce que je vous demande est raisonnable ; ce serait une horreur d'emprisonner un vieillard qui a toujours joui sans obstacle de la clarté des cieux.

— Il faut obéir à la loi, dit le juge.

— Ne me parlez pas de la loi, interrompit Bas-de-Cuir. Les bêtes féroces des forêts se souciaient-elles de vos lois, quand elles avaient soif du sang de votre enfant? Elle suppliait Dieu de lui accorder une faveur bien plus grande que celle que je vous demande, et Dieu l'a exaucée. Croyez-vous qu'il écoutera vos prières si vous refusez d'écouter les miennes?

— Mes affections de famille ne peuvent faire pencher la balance de...

— Ecoutez-moi, Marmaduke-Temple. Quand vous n'étiez pas encore juge, quand vous n'étiez qu'un tout petit enfant, je parcourais librement ces montagnes, et il me semble que c'est toujours mon droit de les parcourir jusqu'à la mort. Avez-vous oublié l'époque où vous êtes venu vous établir sur les bords de l'Otsego? Il n'y avait pas alors de prison dans la contrée, et la mort d'un daim n'était pas un délit. Ne vous êtes-vous pas reposé sur la peau d'ours que je vous ai donnée, et n'avez-vous pas apaisé votre faim avec le beau quartier de venaison que je vous ai servi? Je n'avais pourtant aucune raison de vous aimer, puisque ceux qui me donnaient asile avaient à se plaindre de vous. Aujourd'hui vous me condamnez à la prison pour récompense.

Cent dollars ! où voulez-vous que je les prenne ? Allons, laissez-moi partir, vous n'êtes pas, quoiqu'on dise, assez méchant pour faire mourir un vieillard en prison. Laissez-moi retourner dans les bois ; j'y trouverai assez de castors et de daims pour que leurs peaux me servent à payer l'amende. Venez, mes chiens ! Nous sommes vieux, et nous aurons de la peine, mais nous en viendrons à bout.

Il n'est pas besoin de dire que le constable s'opposa de nouveau au départ de Nathaniel ; mais avant que celui-ci eût le temps de se récrier, un brouhaha confus appela l'attention vers une autre porte. C'était Benjamin la Pompe qui était parvenu à se faire faire place, et qui, grimpant sur la grille qui entourait les bancs du jury, agitait un petit sac, en disant : — Si vous vouliez le laisser retourner dans les bois, voici qui peut couvrir les frais, puisqu'il y a trente-cinq dollars. Je voudrais que ce fussent des guinées anglaises, pour qu'il y en eût assez pour l'amende.

Un profond silence fut le résultat d'une proposition qui étonna l'auditoire ; ce silence durait encore, lorsque le shérif frappa sur la table avec son épée, en criant : — Silence donc !

— Il faut que cela finisse, dit le juge. Constables, conduisez le prisonnier au lieu de l'exposition. Greffier, quelles affaires reste-t-il au rôle ?

Nathaniel laissa tomber sa tête sur sa poitrine, et suivit le constable d'un air résigné et abattu. La foule, qui s'était écartée pour laisser passer le condamné, quand elle l'eût vu sortir, le suivit pour assister à son supplice.

XXXIV

Les peines des anciennes lois étaient encore connues à New-York, à l'époque où notre histoire se passe, et le fouet ainsi que les ceps n'étaient pas encore remplacés par les expédients douteux des prisons publiques. Au-devant même de la geôle, on voyait les ceps, c'est-à-dire les planches percées de trous où l'on enfermait les jambes des condamnés au fouet et à l'exposition.

Nathaniel, se soumettant à une puissance plus forte que lui, s'avança sans murmure vers le lieu de son supplice. La foule faisait un cercle autour de lui. Un constable leva la partie supérieure des ceps, et montra au pauvre Bas-de-Cuir les trous où il devait passer les pieds. Le vieillard s'assit par terre et se soumit tristement et sans mot dire à cette opération. Il jetait cependant un regard inquiet sur les assistants, comme pour les supplier de ne pas aggraver sa peine par leurs moqueries et leurs insultes. La foule était silencieuse, et si elle ne donnait aucun signe de compassion, elle ne proférait aucune injure.

Benjamin la Pompe, qui n'avait pas quitté le côté de Bas-de-Cuir, dit en regardant les ceps : — Quel genre de supplice a-t-on inventé là ? Cela ne fait aucun mal.

— N'est-ce pas un mal, Benjamin, dit Nathaniel d'un ton plaintif, que d'exposer un homme de soixante-dix ans comme une bête curieuse ? N'est-ce pas un mal que de donner en spectacle aux enfants un vieux soldat qui a eu l'ennemi en face dans plusieurs affaires sanglantes ? N'est-ce pas un mal que de ravaler un honnête homme au rang des brutes ?

Benjamin ne répondit pas ; il promenait ses regards farouches sur la foule, comme pour chercher querelle à ceux qui auraient insulté son ami, mais il ne rencontra que des physionomies compatissantes. Il s'assit alors à côté de Nathaniel, et passa ses jambes dans deux trous des ceps restés vacants. Le constable voulut s'y opposer, mais Benjamin insista pour partager le sort de son ami, et le constable ferma les ceps en riant. L'assistance partagea sa gaîté ; Benjamin aurait voulu punir les rieurs, mais ses entraves s'y opposèrent, et il se résigna, et ne répondit aux éclats de rire que par le mépris. — En somme, dit-il à son camarade qu'il voulait consoler, ce n'est rien. Combien de braves matelots n'ai-je pas vu à bord de la *Boadicée*, où j'étais embarqué, punis de cette manière pour un verre de grog de trop. Attendons patiemment la fin, et puis je mettrai à la voile avec vous. Je vous serai utile, si non pour tirer, au moins pour tendre des pièges ou porter le gibier. J'ai arrangé mes comptes avec M. Richard Jones, et je lui ferai dire de me rayer de son rôle d'équipage.

Nathaniel ne lui répondit pas, mais, comme la foule commençait à se disperser, il aperçut Hiram Doolittle et son acolyte Jotham, et il leur lança des regards foudroyants. Les deux complices s'étaient approchés des ceps, sans paraître s'en apercevoir, et feignaient de s'entretenir de la pluie et du beau temps. Benjamin la Pompe qui était occupé à compter ses dollars dont le juge n'avait pas voulu, ne les remarqua pas d'abord. Nathaniel ne pouvant pas supporter la vue des auteurs de son infortune, s'écria : — Retirez-vous, votre présence aggrave ma douleur.

A ces paroles, Benjamin aperçut le charpentier, qui, troublé par les plaintes de sa victime, ne se tenait point sur ses gardes. Le majordome n'eut qu'à étendre le bras, et saisissant Doolittle par une jambe, il le jeta par terre. Benjamin, avec sa taille ramassée, avait une grande vigueur; il saisit Hiram par le corps et ne lâcha plus prise. Il lui criait avec fureur : — Vous ne m'échapperez pas : je vous apprendrai à venir insulter un malheureux. Nous avons un vieux compte à régler ensemble, et nous allons voir beau jeu.

— Jotham ! s'écria le charpentier-magistrat, appelez les constables. M. Penguillan, lâchez-moi, ne troublez pas la paix publique.

— Il n'y a pas de paix entre nous, dit le majordome ; et son poing lourd comme une masse s'abattait à coups pressés sur le nez de M. Doolittle. La foule fit cercle autour des combattants, sans que personne fît mine de les séparer. Cependant quelques personnes se détachèrent, les unes pour avertir la femme d'Hiram, les autres pour instruire les gardiens de la paix publique. Avant qu'ils fussent arrivés, Hiram tantôt renversé, tantôt relevé par le bras puissant de Benjamin, recevait une grêle de coups, et son visage avait perdu forme humaine, lorsque le shérif Richard accourut. Richard était blessé à la fois dans ses sentiments et dans sa dignité de magistrat ; car il affectionnait Benjamin, et son amour-propre avait besoin des flatteries d'Hiram.

— M. Doolittle ! est-il possible d'oublier ainsi votre qualité de juge de paix et de battre ce pauvre Benjamin.

A la voix du shérif, Hiram tourna vers lui son visage ensanglanté, et retrouva la parole. — Je vous requiers, monsieur le shérif, de vous saisir de cet homme et de le faire conduire en prison. Richard comprit alors que Benjamin n'était pas le battu, et il éclata en reproches : — Benjamin, comment se fait-il que vous soyez aux ceps et que vous ayez frappé un magistrat ? Vous que je croyais aussi doux qu'un agneau ! Ah ! vous me couvrez de honte, moi qui suis votre ami.

Hiram s'était relevé, et aussitôt mis hors de l'atteinte de Benjamin. Le délit était flagrant, et Richard, aussi impartial que Marmaduke-Temple, ordonna l'incarcération immédiate du majordome, et, l'heure de l'exposition étant écoulée, Nathaniel et lui furent enfermés provisoirement dans la même chambre. Benjamin exprima sa satisfaction d'être le compagnon de Bas-de-Cuir, et loin de manifester aucun regret d'avoir battu M. Doolittle, il dit qu'il méritait pour ce fait double ration, car s'il y avait un vampire dans le comté, c'était lui. Richard ne daigna pas lui répondre, et sortit après avoir fait enfermer ses prisonniers à double tour. Benjamin causa toute la journée avec les passants à travers les barreaux ; mais Bas-de-Cuir, tout pensif, se promenait en silence dans la chambre. Si par hasard il relevait la tête pour regarder les curieux, on lisait sur son visage un morne abattement, semblable à celui d'un homme dont les facultés intellectuelles s'affaissent. A la chute du jour, Edwards parut et eut un long entretien avec son ami. Ses consolations parurent adoucir son chagrin, car il s'étendit sur son matelas et fut bientôt endormi. Benjamin continua à boire avec ses camarades jusqu'à huit heures du soir ; le dernier qui le quitta fut Billy-Kirby. Nathaniel se releva pour tendre une serviette devant la fenêtre, en guise de rideau, et les deux prisonniers parurent se disposer à dormir.

XXXV

Quand le jour déclina tout-à-fait, les jurés, les témoins et les officiers de la cour se dispersèrent, et avant neuf heures du soir, le village était paisible, et les rues presque désertes. Vers cette heure, Marmaduke-Temple et sa fille, suivis à quelques pas par Louisa Grant, se promenaient dans l'avenue du château. — Ma fille, tâche de le calmer, sans manquer de respect à la loi. Songe qu'il serait du plus mauvais exemple qu'un juge passât pour avoir favorisé un condamné, parce que celui-ci a sauvé la vie de son enfant. Sois donc prudente : il y a dans ce porte-feuille deux cents dollars ; va à la prison, donne-les à Bas-de-Cuir et dis-lui ce que tu voudras. Mais souviens-toi que ton sauveur est coupable, et que c'est ton père qui l'a condamné.

Elisabeth ne répondit rien, mais elle pressa sur son cœur la main qui lui donnait le portefeuille, et prenant la main de son amie, elle entra dans la

principale rue du village. Les deux jeunes filles marchaient le long des maisons, où il faisait moins clair qu'au milieu de la chaussée. Elles n'entendirent pas d'autre bruit que celui d'une charrette attelée de deux bœufs. Le conducteur semblait fatigué et insouciant; il fit arrêter ses bêtes au coin de la prison et leur donna à manger la botte de foin suspendue à leur cou. Elles auraient passé sans y faire attention, si elles n'avaient pas entendu le charretier dire à voix basse:
— Prenez garde! Prenez donc garde!

Il ne fallait pas grande habitude de la vie de campagne, pour comprendre qu'on ne parlait pas à des bœufs sur ce ton; et le son de voix du charretier avait déjà fait tressaillir miss Temple; elle s'approcha de lui, et ne tarda pas à reconnaître Olivier Edwards, qui la reconnut aussi, malgré le manteau dont elle était enveloppée. Ils s'écrièrent à la fois: — Miss Temple! M. Edwards! mais une émotion qui paraissait leur être commune, étouffait leur voix.

— Est-il possible? dit Olivier; est-ce vous que je rencontre si près de la prison? mais vous allez sans doute au presbytère. Pardon, miss Grant, je ne vous avais pas d'abord reconnue.

Louisa soupira si faiblement, qu'Elisabeth seule l'entendit. — C'est à la prison même que nous allons, répondit vivement miss Temple. Nous venons prouver à Bas-de-Cuir que nous n'avons pas oublié ses services, et que si nous sommes justes, nous sommes aussi reconnaissantes. Vous allez aussi le voir, laissez-nous vous précéder de quelques minutes. Bonsoir, M. Edwards, je... je regrette beaucoup de vous voir réduit à ce triste métier, je ne doute pas que mon père...

— Je vous laisse me précéder, dit froidement le jeune homme ; seulement veuillez ne dire à personne que vous m'avez rencontré.

Elisabeth le lui promit, et, entraînant Louisa, elle entra dans la loge du geôlier ; cependant miss Grant eut le temps de lui dire à l'oreille : — Vous devriez lui donner la moitié de la somme, puisque l'autre moitié suffit pour payer l'amende de Bumppo. M. Edwards n'est pas habitué à une profession si pénible. Je suis sûre que mon père sacrifierait la moitié de son traitement pour lui procurer une profession plus digne de lui..

Elisabeth sourit involontairement, et fut doucement et profondément émue. Cependant le geôlier parut et la rappela à l'objet de sa visite. Une permission en règle signée du juge lui ouvrit sans peine l'entrée de la prison, et on connaissait trop bien le service que les jeunes filles avaient reçu de Bas-de-Cuir pour s'étonner qu'elles vinssent le visiter. Quand elles furent à la porte de la chambre, une voix sourde cria : — Qui est là ?

— Des personnes que vous serez bien aise de voir, répondit le geôlier ; mais qu'avez-vous fait à la porte ?

— J'ai mis un clou à la gâche, répondit Benjamin,

pour empêcher M. Doolittle de venir encore me chercher querelle, et pour que mes dollars fussent plus en sûreté. Attendez, je vais vous ouvrir.

Avec quelques coups de marteau, il enleva le clou, et alors les visiteuses s'aperçurent que pour mettre une partie de ses dollars en sûreté, Benjamin les avait échangés contre les liqueurs débitées par madame Hollister, en un mot qu'il était entre deux vins. En voyant miss Temple, il alla s'asseoir sur son matelas, le dos appuyé contre le mur.

— Monsieur la Pompe, dit le geôlier, si vous vous amusez à mettre des clous dans mes serrures, je vous attacherai dans votre lit.

— J'ai fait comme vous, dit Benjamin; vous fermez la porte en dehors, et moi je la ferme en dedans.

— Il est neuf heures dix minutes, dit le geôlier; il faut que je ferme à neuf heures trente-cinq. Et il s'en alla après avoir laissé une chandelle sur la table.

— Bas-de-Cuir, mon ami, dit Elisabeth; je suis une messagère de la reconnaissance. Tout serait déjà fini, si vous vous étiez soumis à la perquisition.

— A la perquisition! jamais! Je vous aurais interdit à vous-même l'entrée de ma cabane. Mais maintenant ils peuvent chercher parmi les charbons et les cendres.

— Votre cabane sera rebâtie et embellie, et vous la retrouverez en sortant de prison.

— Vous ne pouvez pas ressusciter les morts ; vous ne pouvez pas rappeler à la vie les hommes d'autrefois. Vous ne savez pas ce que c'est que d'abriter sa tête quarante ans sous le même toit, et de contempler les mêmes objets pendant toute la durée d'une vie d'homme. Vous êtes une aimable créature, et j'avais conçu pour vous une douce espérance, mais maintenant tout est fini, et elle ne se réalisera jamais.

Elisabeth, comprenant sans doute qu'elle avait été l'espérance du vieux chasseur, détourna la tête pour cacher son émotion. — Votre détention finira bientôt, dit-elle, et vous aurez une maison où vous finirez vos jours dans l'aisance.

— Je vous remercie de vos bonnes intentions, dit Nathaniel, mais elles ne se réaliseront pas. Ma vie est flétrie pour toujours : on m'a donné en spectacle. D'ailleurs, il n'est plus pour moi d'aisance : on peut chasser tout un jour dans ces forêts sans rencontrer un daim. Vos éclaircies ont fait fuir les castors bien loin ; et il me faudra faire je ne sais combien de milles avant d'en rencontrer : et il faut que j'en tue pour payer l'amende.

— C'est vrai, dit Benjamin en achevant de vider une bouteille de rhum.

— Benjamin, lui dit Bas-de-Cuir, si vous continuez à boire, vous serez incapable de partir avec nous. Le moment est venu, j'entends les bœufs frotter leurs cornes contre les murs de la prison.

— Eh bien, camarades, donnez le signal, et larguez tout.

— Vous ne nous trahirez pas, dit le vieillard en regardant Elisabeth avec simplicité, vous ne trahirez pas un vieillard qui a besoin de respirer le grand air. Mes projets n'ont rien de mauvais : je vais travailler toute la saison pour ramasser les cent dollars que l'on m'a condamné de payer.

— Comment? dit Elisabeth, ne vous inquiétez pas de l'amende. Voici de quoi la payer, et dans trente jours vous serez rendu à la liberté.

— Pas un jour, pas une heure de plus! s'écria Nathaniel; pour retenir des oiseaux comme nous, le juge Temple doit faire faire des cages plus solides. Voyez plutôt. Et le vieux chasseur, avec son rire muet, soulevait son matelas et montrait un trou récemment pratiqué dans le mur. — Je n'ai qu'un coup de pied à donner, dit-il, et nous sommes dehors.

— Au large! s'écria Benjamin, allons chercher les castors!

— J'ai peur que le camarade ne nous donne de l'embarras, dit Bas-de-Cuir, les montagnes sont loin d'ici, et il n'est guère en état de courir.

— Pourquoi courir? dit Benjamin, abordons franchement l'ennemi.

— Silence! dit Elisabeth. Vous ne pouvez songer à fuir. Dans un mois vous aurez satisfait à la loi, et voici de quoi payer l'amende.

— De l'or! dit Nathaniel, il y a longtemps que je n'en avais vu. Dans l'ancienne guerre, cette monnaie était commune. Mais pourquoi me donnez-vous ce trésor ?

— Ne m'avez-vous pas sauvé la vie? dit Elisabeth en se couvrant le visage de ses mains comme si elle voyait devant elle la redoutable figure de la panthère.

Nathaniel prit l'or, et en le considérant, il dit : — J'aurais là de quoi acheter une bonne carabine ; mais bah ! je suis vieux, et la mienne me servira jusqu'au bout. Reprenez votre or, ma fille, et laissez-moi partir. Je compte sur votre discrétion. N'insistez pas davantage, gardez votre or. Tenez, vous pouvez me rendre un grand service. Achetez-moi une mesure de poudre chez M. Le Quoi. Que les grains en soient bien petits et bien luisants. Benjamin a l'argent, mais nous n'oserions pas rentrer dans le village. Apportez-la-moi demain à midi, sur la montagne de Belle-Vue.

— Vous pouvez y compter, dit Elisabeth avec fermeté.

Nathaniel s'assit, et poussa avec les pieds la portion du mur qu'il avait coupée ; elle tomba sans bruit sur la charretée de foin. — Allons, dit-il à Benjamin, partons ; c'est l'heure la plus sombre de la nuit ; bientôt la lune va se lever.

— Attendez! dit Elisabeth ; il ne faut pas qu'on

dise que vous vous êtes évadé en présence de la fille du juge. Laissez-nous sortir.

Au même instant le bruit des pas du geôlier se faisait entendre dans le couloir. Bas-de-Cuir cacha le trou avec son matelas, sur lequel Benjamin tomba fort à propos.

— Mesdemoiselles, voici l'heure de la retraite, dit le geôlier très poliment.

— Nous vous suivons, dit Elisabeth. Bonsoir, Bas-de-Cuir. Le geôlier ferma la porte à double tour, et dit qu'il reviendrait faire sa ronde quand il aurait reconduit les dames à la porte extérieure. Les jeunes filles sortirent le cœur palpitant.

— Puisque Bas-de-Cuir refuse l'argent, dit tout bas miss Grant, il faudrait le donner à M. Edwards, et avec cela...

— Ecoutez ! dit Elisabeth, j'entends le bruissement du foin ; ils s'échappent ; ils vont être découverts.

Les bœufs avaient la tête tournée vers le chemin, et Edwards avec Nathaniel unissaient leurs efforts pour tirer dehors la masse inerte du majordome. — Nous n'avons pas une minute à perdre, disait Edwards, et cet ivrogne va nous faire découvrir.

— Qu'appelez-vous ivrogne ? marmotta Benjamin.

La prison retentissait déjà de violentes clameurs. — Il faut le planter là, dit Edwards.

— Nous ne le devons pas, dit Nathaniel ; il a partagé avec moi le déshonneur de l'exposition ; c'est un homme de cœur.

— Nous sommes perdus, s'il nous le faut emmener.

— Jetez-le sur la charrette, dit Elisabeth qui s'était approchée d'Olivier.

— Excellente idée! dit Edwards. Ils firent asseoir Benjamin sur la charrette, lui commandèrent de se tenir tranquille, lui mirent l'aiguillon entre les mains, et firent partir les bœufs. Edwards et Bas-de-Cuir se sauvèrent le long des maisons et ensuite par un sentier détourné. Les jeunes filles doublèrent le pas pour rentrer chez elles avant d'être remarquées par les curieux. Au milieu de voix tumultueuses, on distinguait celle de Billy-Kirby, qui se faisait fort de rapporter les deux fuyards dans ses deux poches. A l'entrée de l'avenue du château, les jeunes filles furent surprises de trouver Edwards et Bas-de-Cuir. — Miss Temple, lui dit le jeune homme, je ne vous reverrai peut-être jamais ; permettez que je vous remercie de vos bontés. Vous ignorez les motifs de ma conduite....

— Fuyez, fuyez! tout le village est sur pied. Qu'on ne nous voie pas ensemble, ici et en ce moment. Prenez le canot de mon père sur le lac.

— Vos conseils m'ont déjà sauvé, dit Edwards ; je les suivrai tant que je vivrai. Adieu.

— N'oubliez pas la mesure de poudre, dit Nathaniel, et que Dieu vous garde tous les deux.

Cependant Billy-Kirby avait reconnu sa charrette, dont Edwards s'était emparé sans cérémonie. — Ce sont mes bœufs, s'écria-t-il.

— Virez de bord ! lui cria Benjamin en brandissant l'aiguillon, qui retomba sur l'épaule du bûcheron.

— Qui êtes-vous? dit Kirby, ne pouvant dans l'obscurité distinguer le visage de l'usurpateur.

— Je suis le timonnier de ce navire; est-ce que je ne gouverne pas bien? Nous sommes en partance, Bas-de-Cuir et moi, pour aller chercher une cargaison de peaux de castors. Nous avons frété votre charrette pour ce voyage de long cours.

Billy reconnut le majordome et son état à sa voix avinée; il eut pitié de l'ivrogne, qui, après avoir murmuré quelques mots, tomba endormi sur le foin. Il lui prit l'aiguillon des mains, et, après avoir traversé le pont, il mena sa charrette au haut de la montagne où il avait à travailler le lendemain. Il répondit simplement aux questions des constables qui le rencontrèrent, et personne ne se douta qu'il prenait part à l'évasion. Elisabeth passa plus d'une heure à sa fenêtre. Elle vit briller sur le flanc des collines les torches des constables, et elle entendit leurs cris. Mais toutes leurs recherches furent vaines, ils revinrent fatigués et désappointés, et le village retomba bientôt dans un tranquillité aussi profonde que lorsque miss Temple s'était rendue à la prison.

XXXVI

Le lendemain, de bonne heure, Elisabeth et Louisa allèrent à la boutique de M. Le Quoi pour le relever de la caution qu'il avait donnée pour Bas-de-Cuir ; elles n'y trouvèrent que le maître de la maison, son garçon, une femme et Billy-Kirby. M. Le Quoi venait de recevoir des lettres des Antilles, où il avait des propriétés ; on lui annonçait qu'il pouvait y revenir et qu'il serait rayé de la liste des émigrés. Il faisait part de ces bonnes nouvelles à la femme et au bûcheron qui prenait part à sa joie. Dans cet intervalle, Elisabeth put acheter la poudre au garçon sans que personne y prît garde. Au moment où elle sortait, M. Le Quoi lui demanda la faveur d'une audience avant son départ. La gravité de ses manières semblait indiquer qu'il s'agissait d'un sujet important. Elisabeth y consentit, et les deux jeunes filles se dirigèrent vers la montagne de Belle-Vue. Arrivées au pied, miss Grant s'arrêta, paraissant préoccupée d'une idée qu'elle n'osait exprimer. Elisabeth s'en aperçut, et lui demanda si elle se sentait malade : — Non, répondit-elle, mais j'ai peur. Je n'ai pas le courage de remonter sur cette colline où j'ai couru un danger si terrible.

A cette déclaration imprévue, Elisabeth hésita un moment, et puis s'armant de courage : — J'irai seule, dit-elle. Je ne dois découvrir à personne la retraite de Bas-de-Cuir. Attendez-moi là, pour qu'on ne me croie pas seule, car on pourrait jaser, si.... si... Vous m'attendez, n'est-ce pas?

Miss Grant le lui promit, Elisabeth la fit asseoir sur un tertre qui dominait le chemin, et elle gravit d'un pas léger le sentier escarpé. De temps en temps elle s'arrêtait pour reprendre haleine, et pour jouir du point de vue. Les ardeurs de l'été avaient privé le paysage d'une partie de sa fraîcheur; l'air était brûlant, et une espèce de brouillard troublait la transparence de l'atmosphère. Quelques éclairs sillonnaient la partie du ciel où la brume était plus condensée.

Le sommet de la montagne, que M. Temple avait appelé Belle-Vue, était couvert d'une forêt épaisse ; mais l'on avait ménagé une éclaircie, d'où la vue s'étendait sur le village, le lac et la vallée. C'est à cet endroit même qu'Elisabeth espérait rencontrer le vieux chasseur, et elle hâtait sa marche, embarrassée par les obstacles que les arbres debout ou abattus lui présentaient à chaque pas. Arrivée là, elle ne trouva personne; elle appela à plusieurs reprises : Bas-de-Cuir! Nathaniel! L'écho seul lui répondit. Elle crut pourtant avoir entendu un faible cri au-dessous de l'endroit où elle était. Persuadée que c'était la voix de Bas-de-Cuir, elle descendit et parvint à une espèce de plate-forme environnée de toutes parts d'arbres et de buissons, et dominant un précipice. John Mohican était assis seul sur un chêne renversé.

Le chef indien fixa sur la jeune fille des yeux où brillait un feu sombre; une autre, moins courageuse qu'elle, en aurait été épouvantée. Son aspect était étrange; la couverture dont il s'enveloppait le corps laissait à découvert ses bras et sa poitrine. Ses longs cheveux noirs rejetés en arrière, son visage bariolé de peintures rouges, les cartilages de ses oreilles et de ses narines chargés d'ornements, le médaillon de Washington suspendu à son cou, tout annonçait que le vieux chef s'était paré pour un événement extraordinaire.

— C'est vous, John! dit Elisabeth : il y a plusieurs jours que vous n'avez pas paru dans le village, vous m'aviez promis un panier d'osier et j'avais une chemise de calicot à vous donner.

— La main de John ne tressera plus de paniers, et il n'a plus besoin de chemise, répondit-il d'une voix gutturale. Il y a six fois dix étés que John était jeune, élancé comme un pin, fort comme un buffle, adroit comme la balle d'Œil-de-Faucon, habile à trouver la piste de l'ennemi, et de nombreuses chevelures ornaient son trophée. En ce temps, le grand conseil des Delawares donna ce pays au Mangeur-de-Feu, mais ses possessions ont passé à d'autres; on les lui a arrachées, et voilà pourquoi John ne s'en console pas.

— Je ne vous comprends pas, dit Elisabeth. Est-ce mon père que vous accusez?

— Non, le quaker est juste, et il fera justice; je l'ai dit au Jeune-Aigle.

— Qui appelez-vous le Jeune-Aigle, dit Elisabeth avec émotion; d'où vient-il, et quels sont ses droits ?

— Pourquoi cette question? Le Jeune-Aigle a des yeux; n'a-t-il pas aussi une langue?

Ces paroles firent rougir Elisabeth, mais elle se contint et dit en riant : — Le Jeune-Aigle a trop de la prudence des Delawares pour confier ses secrets à une femme.

— Ma fille, le Grand-Esprit a fait tous les hommes, quelle que soit leur couleur, et leur a donné à tous les mêmes passions. Je l'ai éprouvé moi-même, mais aujourd'hui je n'ai plus de famille, elle a disparu de la terre comme les glaces de l'hiver. Tous les miens sont partis pour la terre des Esprits, et l'heure est venue pour moi d'aller les rejoindre.

Mohican s'enveloppa alors la tête de sa couverture, et garda un silence solennel qu'Elisabeth hésitait à rompre ; elle lui dit cependant : — Dites-moi où est Bas-de-Cuir ; je lui apporte une mesure de poudre. Je ne le trouve pas : voulez-vous vous charger de la lui remettre ?

Le vieux chef dit en prenant la poudre : — Voilà le plus grand ennemi de notre pays. Sans elle, la race des Indiens n'aurait pas été exterminée sur ces montagnes. John est resté le dernier, et il est temps qu'il aille rejoindre sa tribu dans la terre des Esprits.

Mohican pencha le corps en avant, en appuyant ses coudes sur ses genoux ; il considérait la vallée à travers la brume qui s'épaississait au point qu'Elisabeth pouvait à peine respirer. Tout à coup ses yeux parurent s'animer d'une flamme prophétique : — Oui, s'écria-t-il, John va mourir : il va retrouver ses pères et ses enfants, là où tous l'ont précédé ; il ne lui reste ici bas d'autre fils que le Jeune-Aigle, et il a le sang d'un homme blanc.

Elisabeth flottait entre sa réserve naturelle et le désir de savoir qui était Edwards ; elle hasarda quelques questions à son sujet. L'Indien tressaillit à ces demandes qui le ramenaient du ciel sur la terre ;

il saisit Elisabeth par le bras, et lui dit : — Voyez-vous, ma fille, ce paysage qui s'étend devant vous? Aussi loin que vos yeux peuvent porter, ces terres appartenaient...

A ce moment la vue de la vallée leur fut dérobée par des tourbillons de fumée qui roulaient sur les flancs de la montagne, et des bruits sinistres se firent entendre dans la forêt.

— Qu'arrive-t-il? dit Elisabeth; nous sommes enveloppés de fumée, et je sens une chaleur comme celle d'une fournaise.

Avant que l'Indien pût répondre, une voix cria : — Où êtes-vous, vieux Mohican? les bois sont en feu, vous n'avez que quelques minutes pour vous sauver.

Le chef mit la main devant sa bouche, et fit entendre cette espèce de bruit qui avait attiré Elisabeth. Tout à coup des pas précipités foulèrent les broussailles desséchées, et Edwards bondit auprès d'elle, avec l'horreur peinte sur tous ses traits.

XXXVII

— Qu'il serait triste de vous perdre de cette manière, mon vieil ami! dit Olivier en reprenant haleine. En avant, et partons; il est presque trop tard. Les flammes environnent le rocher. Allons, sortez de votre apathie, John. Le temps presse.

Mohican fit signe vers Elisabeth, qui, oubliant son propre danger, s'était abritée derrière un rocher, et dit : — Sauvez-la. laissez John mourir.

En gravissant jusqu'à la plate-forme, Edwards n'avait d'autre but que de sauver son ami Mohican. Quel ne fut pas son saisissement à la vue d'Elisabeth. — Vous ici! s'écria-t-il après avoir fait un effort pour parler; faut-il que vous soyez exposée à une telle mort!

— Personne ne mourra, j'espère, dit-elle en tâchant de maîtriser son effroi. Je ne vois encore que de la fumée et pas de flamme. Cherchons un refuge.

— C'est vrai, dit le jeune homme, en dissimulant ses angoisses, je vous ai exagéré le danger. Prenez mon bras et partons.

— Mais abandonnerons-nous ce pauvre Indien qui s'apprête à mourir ?

— Ne faites pas attention à lui, dit Olivier en comprimant son émotion, pour décider sa compagne à descendre avec lui le sentier tortueux ; il est habitué à de pareils accidents ; il se sauvera de rochers en rochers.

— Vous en doutez vous-même ; au nom de Dieu, ne l'abandonnons pas dans une situation aussi horrible.

— Jamais un Indien ne s'est laissé brûler dans les bois. Songez à vous, et non pas à lui ; il y va de votre vie.

Olivier entraîna, ou plutôt emporta Elisabeth vers le sentier par lequel il était venu, et où il espérait trouver encore une issue. Malheureusement un amas de branches et de feuilles sèches se trouvait sur leur passage, et au moment où ils étaient sur le point d'arriver au but de leur course rapide, le feu atteignit ces branchages, et un mur de flamme s'éleva devant eux. Ils reculèrent d'effroi, et cherchèrent en vain une autre issue autour de la plate-forme. En perdant tout espoir de retraite, Elisabeth parut s'apercevoir pour la première fois de l'horreur de sa position. — Cette montagne me sera fatale, s'écria-t-elle ; elle nous servira de tombeau.

— Ne vous désespérez pas, mademoiselle, nous ne sommes pas encore perdus ; et en parlant ainsi son visage démentait ses paroles. Il chercha encore s'il y avait moyen de descendre le long des rochers, mais la paroi ne présentait aucune aspérité où l'on pût mettre le pied. Elisabeth s'en convainquit elle-même en jetant un regard d'effroi sur le précipice qui était sous ses pieds : — Mon père ! mon pauvre père ! s'écria-t-elle en étouffant ses sanglots.

— Il ne reste plus d'autre parti, dit Edwards, que de vous attacher et de vous descendre sur ce rocher là-bas, d'où vous pourrez arriver jusqu'au pied de la montagne. Je veux tout tenter, avant de vous abandonner à une pareille mort.

— Et que deviendrez-vous ? dit Elisabeth.

Olivier ne l'entendit pas : il était déjà auprès de Mohican qui demeurait inébranlable malgré le danger. Olivier lui demanda sa couverture, qu'il lui remit sans mot dire. Réduite en lanières, allongée avec la veste de toile d'Edwards et le châle d'Elisabeth coupés en morceaux, elle n'atteignait qu'à la moitié de la longueur nécessaire.

— C'en est fait ! s'écria Elisabeth ; il n'y a plus d'espoir ! les progrès de la flamme son lents, mais assurés.

Dans les autres parties de la forêt, les flammes sautaient d'arbre en arbre avec une grande rapidité; mais sur la plate-forme elles ne trouvaient que quelques herbes fanées, c'est ce qui avait jusque là sauvé la vie d'Elisabeth et de son compagnon. En outre, une source, qui descendait du haut du versant, éparpillait ses mille filets d'eau le long du rocher, et humectait une partie du terrain de la plate-forme. Quand l'incendie eut atteint cette barrière humide, le feu s'arrêta comme pour recueillir ses forces avant de la franchir. Déjà les eaux de la source se réduisaient en vapeur : la mousse desséchée par la chaleur extrême se tordillait, et l'écorce des arbres voisins faisait entendre de sinistres craquements. De temps en temps des nuages de fumée enveloppaient la plate-forme et augmentaient l'horreur de la situation de ces deux êtres, en leur dérobant la vue de l'horizon; des langues de feu se détachaient des bords de ces nuages, et enflammaient les broussailles; par moments un fracas pareil à celui du tonnerre faisait retentir les échos de la forêt; c'était le bruit des grands pins qui tombaient. Des trois personnes condamnées à cette mort affreuse, Olivier se montrait le plus agité; Elisabeth était en proie à cette résignation accablée qui est souvent le partage de son sexe dans les grandes calamités, et Mohican, quoique le plus exposé, restait dans une immobilité absolue. Par intervalles il jetait un regard de commisération sur le jeune couple, mais bientôt ses yeux redevenaient fixes, il chantait une hymne funèbre en langue delaware, absorbé dans les pensées de l'éternité.

— En un pareil moment, dit Elisabeth, il n'y a plus de distinction de rangs; appelez John, qu'il vienne mourir avec nous.

— Il n'en fera rien, répondit Olivier, il se voit au terme de sa vie, et il est au comble du bonheur. Ah! si la mort peut paraître douce, c'est quand on la subit avec vous.

— Ne parlez pas ainsi, s'écria Elisabeth; rejetons toutes les pensées de la terre, et résignons-nous à la volonté de Dieu.

— Non! Dieu ne veut pas que vous mourriez, non, vous ne mourrez pas.

— Comment s'échapper? dit Elisabeth; la flamme a déjà surmonté l'obstacle qui l'arrêtait : voyez cet arbre, comme il brûle!

En effet le feu après avoir consumé lentement la mousse, avait atteint un sapin qui croissait dans les fentes du rocher, et la flamme s'élevait en spirale autour de ses branches. La colonne de feu allumait déjà l'extrémité du tronc de l'arbre où Mohican était assis; malgré sa souffrance, le vieillard demi-nu continuait impassible son chant de mort. Elisabeth détourna la tête de ce triste spectacle, et entre deux tourbillons de fumée elle aperçut son père qui contemplait l'incendie sans se douter du danger que courait sa fille.

— Mon père ! mon père ! s'écria-t-elle avec désespoir. Ah ! Edwards, vos habits sont moins faciles à s'enflammer que les miens, sauvez-vous sans vous occuper davantage de moi. Allez consoler mon père, dites-lui que je suis résignée, que je vais rejoindre ma mère, qu'en présence de l'éternité la pensée de la terre n'est plus rien.

Olivier, ému de ces paroles, mais n'y obéissant pas, se jeta aux pieds de la jeune fille, et rassembla les plis de sa robe flottante pour la dérober aux flammes le plus longtemps possible.

— Est-ce à moi que vous ordonnez de vous abandonner? s'écriait-il avec tendresse, à moi qui ai quitté les forêts pour vivre auprès de vous dans une espèce de domesticité; vous abandonner, vous dont la douce société a dompté mes mœurs farouches; vous pour qui j'ai oublié mon nom et ma famille. Ah ! Elisabeth, jamais je ne vous quitterai, je mourrai avec vous.

Elisabeth ne répondit point : ses pensées étaient élevées au-dessus des affections terrestres; cependant les paroles d'Edwards avaient pour elle un charme involontaire. Tout à coup une voix d'homme se fit entendre sur le flanc de la montagne : — Ma fille, où êtes-vous, dites-moi que vous êtes encore vivante.

— Ecoutez, dit Elisabeth ; c'est Bas-de-Cuir; il me cherche.

— Toute voie de salut n'est donc pas fermée! s'écria Olivier.

Au même instant une vive clarté éclipsa la flamme qui dévorait les arbres, et une violente détonnation retentit. — C'est la poire à poudre! s'écria la même voix; la pauvre fille est perdue! Au même instant, Nathaniel s'élança au milieu des vapeurs de la source, et parut sur la terrasse, sans son bonnet de peau de daim. Il avait les cheveux brûlés, les habits noircis et le visage d'un rouge encore plus foncé qu'à l'ordinaire.

XXXVIII

Pendant une heure après que miss Temple eut quitté Louisa Grant, celle-ci avait attendu avec une impatience fiévreuse le retour de son amie. Mais comme le temps se passait sans qu'elle vit reparaître Elisabeth, elle sentit son inquiétude naître et s'accroître. Ce n'était pas la fumée épaisse qui excitait les alarmes de la jeune fille; son imagination troublée ne lui présentait que des panthères. L'animation extraordinaire des villageois qui passaient sur le chemin augmentait son trouble, mais elle n'osait pas quitter sa place. Tout à coup Nathaniel sortit du taillis, et lui dit en lui serrant amicalement la main : — Je suis charmé de vous rencontrer ici, ma fille, car la montagne est en feu, et il serait dangereux d'y monter à présent. Je viens de voir un imbécile qui creusait un trou pour chercher du minérai ; je l'ai averti que ceux qui étaient hier soir à notre poursuite ont jeté leurs torches allumées dans les broussailles et que la forêt avait pris feu comme de l'amadou. Il n'a pas voulu m'écouter, tant il était occupé à son affaire. Mais qu'avez-vous, ma fille ? vous avez l'air troublé comme si vous voyiez encore des panthères. Où est donc l'excellente fille d'un mauvais père ? Aurait-elle oublié la promesse qu'elle a faite au vieux chasseur ?

Louisa, qui était devenue pâle comme la mort, eut à peine la force de lui dire : — Elle est là, sur la colline ; elle vous cherche pour vous remettre la poudre.

— Que Dieu ait pitié de nous ! s'écria Nathaniel à cette nouvelle inattendue. Courez de toutes vos forces au village pour demander du secours ; peut-être restera-t-il quelque moyen de salut.

Après cette recommandation, Bas-de-Cuir gravit avec rapidité la montagne, et, traversant le brasier il arriva, comme nous l'avons vu, auprès d'Elisabeth et d'Olivier. — Dieu soit loué ! s'écria-t-il, je vous retrouve. Enveloppez-vous de cette peau de daim, et suivez-moi sans perdre un instant : il y va de la vie et de la mort.

— Mais John, dit Edwards, que va-t-il devenir ? Nous ne pouvons pas l'abandonner.

— Debout, Gros-Serpent, dit-il à l'Indien qui restait assis avec un calme extraordinaire, quoiqu'il eût la plante des pieds brûlée, et le corps déchiré par la poudre qui avait éclaté entre ses jambes.

— A quoi bon quitter ce lieu ? Les yeux de Mohican ne voient autour de lui que des peaux blanches ; ses amis, ses parents, qui sont dans le pays des Esprits, l'appellent : Mohican va mourir : c'est l'ordre du Grand-Esprit.

— C'est perdre son temps que de détourner un Indien de l'idée de mourir, dit Nathaniel, et s'attachant le vieux chef sur le dos avec les lambeaux de la couverte, il se mit en marche, suivi par Olivier et par Elisabeth, et prit le sentier par lequel il était arrivé, en leur recommandant de suivre la fumée blanche, de marcher sur la terre humide. Olivier serra la peau de daim autour du corps de la jeune fille, dont le courage étonnait Bas-de-Cuir. En suivant les instructions du chasseur, malgré la fumée qui les suffoquait, ils parvinrent à une plate-forme inférieure, où ils furent en sûreté. Il faut renoncer à peindre les sentiments que tous éprouvèrent. — Où allons-nous d'ici! demanda Edwards.

— Auprès de notre grotte, où vous pourrez entrer, si vous le désirez.

— Etes-vous bien sûr que le feu ne pourra pas nous y atteindre? dit Olivier qui n'était pas complétement rassuré.

— Sans doute! dit Nathaniel; dix minutes de plus, et vous étiez en cendres; mais devant la caverne vous n'aurez rien à [craindre, à moins que les rochers ne prennent feu.

Nathaniel déposa Mohican au-devant de la caverne, le dos appuyé contre un quartier de rocher. Elisabeth, arrivée au terme de cette course pleine de dangers, se laissa aller à terre et se couvrit la figure de ses deux mains.

— Vous allez vous trouver mal, mademoiselle, lui dit Edwards; voici une boisson fortifiante.

— Laissez-moi, dit-elle, laissez-moi rendre grâces au Ciel de ma délivrance miraculeuse; c'est à sa protection que je la dois... et à votre secours.

Olivier s'approcha de la grotte, et cria : — Benjamin! Benjamin!

— Je suis ici, répondit une voix qui semblait sortir des entrailles de la terre; je suis arrivé dans ce trou, où il fait diablement chaud; et je m'y trouve si mal, que si nous ne mettons bientôt à la voile pour le pays des castors, je préfère rentrer au port, et subir ma quarantaine.

— Apportez-nous un verre d'eau de la source, dit Edwards, et mettez-y un peu de vin.

Benjamin la Pompe parut avec la boisson demandée. Elisabeth prit le verre des mains d'Edwards, et, après avoir bu, elle le pria de la laisser seule. Il alla rejoindre Nathaniel auprès de Mohican. — Son heure est venue, dit Bas-de-Cuir avec douleur; lorsqu'un Indien a les yeux fixes, c'est que sa pensée se porte vers la tombe.

En ce moment on vit paraître M. Grant qui montait péniblement la pente de la montagne. Olivier courut à sa rencontre, et l'aida à arriver jusqu'à la terrasse. Le ministre avait appris de sa fille qu'Elisabeth était sur la montagne : il était venu la chercher, mais sans les chiens de Nathaniel, qui lui avaient servi de guides, il aurait infailliblement péri dans les flammes.

— Leur instinct les guide mieux que la raison humaine, dit Bas-de-Cuir.

— Dieu soit loué, dit M. Grant, puisque je vous trouve tous en sûreté et bien portants.

— Excepté un, répondit le vieux chasseur; John est bien malade, et il est sur le point de dire adieu à la terre.

— Est-il possible ? ce n'est que trop vrai, dit le

ministre qui avait trop vu de moribonds pour s'y tromper. Dieu m'a amené ici pour lui offrir les secours de la religion. John, voulez-vous en ce moment suprême vous unir aux prières de l Eglise ?

L'Indien le regarda avec des yeux égarés, mais il ne parut pas le reconnaître, et il continua son chant de mort en élevant progressivement la voix jusqu'aux notes les plus aigües. Le ministre demanda à Bas-de-Cuir quel était le sens de ce chant, et apprenant qu'il chantait ses exploits, il essaya de ramener son esprit à des idées plus chrétiennes. Le vieux chef ne regarda pas même le ministre et poursuivit ses louanges d'une voix plus faible. Nathaniel expliqua à M. Grant qu'il exprimait sa joie d'aller dans un pays où il trouverait ses parents, ses amis et du gibier en abondance, tandis qu'ici bas ses mains débiles peuvent à peine tresser un panier. Le ministre s'efforça alors de faire comprendre à ce sauvage demi-chrétien qu'il fallait, en ce moment suprême, se préparer à se présenter au jugement de Dieu avec un repentir sincère de ses fautes, pour mériter sa miséricorde et pour jouir du bonheur des saints. Mohican, qui jusqu'alors paraissait insensible, recueillit une dernière étincelle de vie, et dit : — OEil-de-Faucon, écoutez les paroles de votre frère : mes pères m'appellent, le sentier est libre, et les yeux de Mohican redeviennent jeunes. Vous déposerez sur ma tombe mon arc, mon tomahawk, ma pipe et mes colliers. Adieu.

Nathaniel le lui promit, M. Grant, à qui il traduisit les dernières volontés de l'Indien, déplora l'ignorance de cet homme si oublieux de l'instruction chrétienne qu'il avait reçue et tenta un nouvel effort pour lui rappeler les engagements qu'il avait pris au baptême, et la nécessité de recourir à la miséricorde divine.

Cependant les nuages se condensaient et s'abaissaient de plus en plus. Un silence solennel présageait une crise salutaire. Il ne faisait pas un souffle de vent; la flamme des arbres en feu s'élevait droite vers le ciel, comme pour attendre l'élément qui devait l'éteindre. De longs éclairs sillonnaient la nue, et au moment où M. Grant parlait au moribond, un épouvantable coup de tonnerre suivit presque instantanément un éclair éblouissant. Mohican se dressa, comme pour obéir au signal du départ, ses yeux se fixèrent et ses bras se tendirent vers l'Occident, un rayon de joie illumina ses traits, une légère convulsion fit trembler ses lèvres, et il retomba sur la terre privé de vie. M. Grant, les mains jointes, contemplait la mort du vieux chef en s'écriant : — Seigneur, tes jugements sont impénétrables!

Bas-de-Cuir s'approcha et prit la main de son ami : — Encore un qui s'en va! il ne me restera bientôt plus que mes chiens. Il me faut encore attendre le bon plaisir de Dieu, mais que la vie me pèse!

De larges gouttes de pluie commençaient à tomber, on porta le corps de Mohican dans la grotte; les

chiens le suivirent, étonnés de ne plus rencontrer le
regard d'intelligence qu'il leur jetait en les voyant.
Edwards s'excusa avec quelque embarras auprès
d'Elisabeth et de M. Grant de ce qu'il ne les faisait
pas entrer dans la grotte, prétextant qu'ils n'y se-
raient pas bien auprès d'un cadavre. Un quartier de
roche qui surplombait les mit à l'abri de la pluie,
qui déjà tombait à torrents. Mais comme de toutes
parts les habitants du village, qui s'étaient frayés
une route à travers les débris fumants, appelaient
à grands cris la fille du juge, Edwards la conduisit
jusqu'au chemin et lui dit avant de la quitter : —
L'heure du mystère est passée : demain je vous
dévoilerai le secret ...ont je n'aurais pas dû m'envelopper si longtemps vis-à-vis de vous. Votre père
vous appelle, il approche ; je dois vous quitter. Je
rends grâces à Dieu de ce que vous êtes encore une
fois sauvée.

Elisabeth ne put s'empêcher de suivre du regard
le jeune homme qui s'enfonçait dans les bois à travers
les charbons ardents. Quand elle l'eut perdu de vue,
son père était arrivé, et elle se jeta dans ses bras.
Il avait amené une voiture pour l'emporter morte ou
vivante, suivant le destin que le ciel lui aurait réservé.
Elle s'y jeta, et les habitants du village rentrèrent
chez eux avec leurs vêtements mouillés et en lambeaux,
mais joyeux d'avoir revu la fille de leur seigneur arra-
chée à une mort horrible.

XXXIX

La pluie torrentielle qui tomba pendant tout le reste de la journée éteignit complétement l'incendie de la forêt. Sur une surface de plusieurs mille carrés, tous les buissons, tous les arbustes, tous les arbres chétifs avaient été consumés. Les grands pins et les grands chênes dominaient cette scène de dévastation; leurs troncs et leurs rameaux inférieurs avaient été seuls atteints, et même des arbres plus petits avaient conservé une faible apparence de vie et de végétation.

La manière dont Elisabeth avait été sauvée était racontée avec les circonstances les plus diverses et les plus extraordinaires par les cent bouches de la renommée. On disait que John Mohican avait péri dans les flammes. Quant à Jotham Riddel on l'avait trouvé dans son trou, presque asphyxié et le corps couvert de brûlures; quoiqu'il respirât encore, on ne put lui conserver la vie. C'était sur les indications d'une somnambule qu'il cherchait une mine dans ce lieu.

Pendant que l'attention publique était occupée de tous ces événements, des faux monnayeurs qui étaient en prison en même temps que Nathaniel, suivirent son exemple et réussirent à s'échapper. On décida qu'il fallait s'emparer des fuyards ; l'on parla de la grotte comme d'un repaire de criminels qui battaient la fausse-monnaie ou fondaient des métaux précieux. On accusait Edwards et Bas-de-Cuir d'avoir mis le feu à la forêt ; et cette version n'avait pas de plus zélés propagateurs que ceux dont l'imprudence avait causé l'incendie.

Une clameur générale s'élevait contre les prétendus coupables, et Richard, comme shérif, se mit en devoir de donner force à la loi. A midi, il choisit sous les yeux de tout le village, un certain nombre de jeunes gens robustes, qu'il fit partir en éclaireurs, après leur avoir donné des instructions mystérieuses. Un tambour battit un roulement dans la taverne du Hardi-Dragon ; aussitôt M. Hollister en sortit revêtu de son uniforme de capitaine de l'infanterie de Templeton ; de divers points du village arrivèrent successivement vingt-cinq miliciens, dont la tenue excitait l'admiration générale. Mistress Hollister, M. Temple et M. Le Quoi furent les seuls qui trouvèrent quelque chose à critiquer.

A deux heures précises, le capitaine Hollister commanda : — Portez armes ; par le flanc droit, à droite ; en avant, pas accéléré, marche ! Les miliciens partirent du pied gauche, mais comme c'était la première fois qu'ils avaient un ennemi réel à combattre, ce ne fut pas sans une certaine hésitation. Richard et son acolyte Doolittle les précédaient ; mais quand on approcha de la montagne, le shérif et le juge de paix ralentirent le pas, en prétextant la fatigue, et petit à petit ils se trouvèrent à la queue de la troupe. Il est à supposer que le rapport des éclaireurs avait été la cause de ce mouvement rétrograde : ils avaient annoncé que, loin de battre en retraite, les criminels se préparaient à résister à force ouverte à l'attaque qu'ils attendaient. A cette nouvelle, les miliciens se regardèrent avec inquiétude ; et Richard tint conseil avec Doolittle. Pendant qu'ils hésitaient ainsi, Billy-Kirby arrivait sa hache sur l'épaule. Mis en réquisition par le shérif, il fut chargé d'aller, comme parlementaire, sommer les ennemis de se rendre avant qu'on en vînt aux extrémités.

La troupe, divisée en deux corps, l'un commandé par le capitaine Hollister, l'autre par son lieutenant, se dirigèrent sur la caverne par la droite, et par la gauche. Richard Jones et le docteur Todd, requis pour remplir l'emploi de chirurgien, se postèrent sur un rocher qui dominait la grotte, hors de la vue des assiégés. Hiram alla se placer derrière un arbre, vis-à-vis l'ouverture de la caverne, mais à une distance respectueuse. Les miliciens eurent aussi la précaution de mettre un corps opaque entre eux et l'ennemi. Les seuls qui s'avancèrent à découvert furent Billy-Kirby, avec sa hache sous le bras et ses mains dans les poches, et le capitaine Hollister tenant à la main et brandissant son grand sabre de dragon.

Les assiégés s'étaient fait un rempart de troncs et de branches d'arbres, et on voyait derrière ces chevaux-de-frise Nathaniel et Benjamin la Pompe, qui exprimait son mépris pour les miliciens et les comparant aux matelots de la *Boudeuse*.

Kirby s'avança avec le même sang-froid que s'il allait abattre un arbre ; mais quand il fut à cent pas de la caverne, il vit le bout d'une carabine dirigé sur lui, et il entendit la voix de Nathaniel qui lui criait :
— Au large ! Kirby, je ne vous veux pas de mal ; mais si vous avancez davantage, le sang coulera ; que Dieu pardonne à celui qui tirera le premier.

— Allons, mon vieux, ne soyez pas si revêche, dit le bûcheron d'un ton bienveillant ; je ne me soucie pas le moins du monde de tout ceci ; je ne fais qu'exécuter la commission que m'a donnée M. Doolittle qui est là caché derrière un arbre. Il vous engage à ne pas résister à la loi.

— Je l'entrevois, le coquin, et s'il montre assez de chair pour y loger une balle, je ne le manquerai pas. Vous savez que je vise bien, Billy, ainsi retirez-vous.

Le bûcheron se mit derrière un arbre, et lui cria de là : — Vous avez beau être bon tireur, vous ne traverserez pas les trois pieds d'épaisseur de cet arbre, et moi je peux, en quatre coups de hache, vous le faire tomber sur la tête. Obéissez donc à la loi.

Bas-de-Cuir était sérieux : on voyait qu'il répugnait à verser le sang. — Si l'on veut seulement entrer dans cette caverne, dit-il, j'y consens, mais je demande un délai de deux heures. Il y a ici un cadavre, et un homme qui a à peine un souffle de vie. Si vous voulez entrer par force, il y aura des morts dehors comme dedans.

— Voilà des conditions raisonnables, messieurs, dit le bûcheron en se mettant entièrement à découvert. Je trouve juste d'accorder à Bas-de-Cuir les deux heures de répit qu'il demande.

Richard Jones ne goûta pas l'avis de Kirby ; brûlant du désir de connaître les mystères que renfermait la caverne, il cria du haut du rocher : — Nathaniel Bumppo, je vous ordonne, en vertu de mon autorité, de vous rendre de suite. Soldats, je vous requiers de me prêter main forte. Benjamin Penguillan, je vous arrête au nom de la loi et je vous somme de me suivre à la prison du comté.

Benjamin Penguillan qui avait assisté à cette scène, la pipe à la bouche et sans mot dire, répondit : — J'ai toujours navigué dans vos eaux, et je vous suivrai jusqu'au bout du monde, si le monde a un bout. Le capitaine Hollister qui n'a jamais navigué ignore peut-être que...

— Rendez-vous, Benjamin Penguillan, interrompit Hollister d'une voix de stentor qui fit reculer sa troupe d'effroi; rendez-vous, ou je ne vous fais pas de quartier.

— Nous avons de quoi vous répondre, dit Benjamin en montrant le fauconneau dont il était allé s'emparer de nuit.

— Il est au-dessous de ma dignité de parlementer avec les rebelles, dit le shérif en descendant précipitamment de son poste, suivi par le docteur Todd.

— En avant ! cria Hollister, à la baïonnette ! point de quartier, à moins qu'ils ne se rendent. Et il donna l'exemple en portant à Benjamin un coup de sabre qui l'aurait coupé en deux, s'il n'avait pas rencontré le canon du fauconneau. Au même instant Benjamin appliquait sa pipe à la lumière, et la pièce d'artillerie lançait en l'air quelques douzaines de balles qui retombèrent sur les assiégeants. L'explosion fit une telle impression sur ces soldats novices que tous battirent en retraite à l'exception de leur capitaine. Benjamin avait été renversé par le recul de la pièce. L'assiégeant unique en profita pour escalader les ouvrages avancés, et mettant un pied dans la place ; il cria : — A moi ! mes amis, la victoire est à nous. Mais il comptait sans Nathaniel qui le couchait en joue, et l'aurait abattu sans peine, s'il n'avait pas eu un remords de tuer un ennemi à bout portant. Il se contenta de le renverser d'un coup de crosse, et Hollister roula tout le long de la montagne, en frappant de son grand sabre tous les arbres qu'il rencontrait sur son passage. Il tomba, au terme de sa chute, entre les bras de son épouse, qui arrivait avec une troupe d'enfants, et portant un sac vide.

— Comment, vous fuyez ! s'écria-t-elle avec indignation. Faut-il que j'aie assez vécu pour voir mon mari vaincu ! moi qui venais prendre ma part des trésors qui sont dans la citadelle.

En entendant ces cris, Doolittle se retourna, et montra par malheur les pans de son habit, qui servirent de but à la carabine de Nathaniel. La balle traversa les parties molles que les pans recouvraient ; Doolittle furieux y porta la main, et accabla Nathaniel de menaces. Les miliciens profitèrent du temps où Bas-de-Cuir rechargeait son arme pour s'avancer et diriger contre lui leur feu que leur inexpérience rendit sans résultat. Les arbres et les rochers furent les seuls à en souffrir.

En ce moment le juge Temple fit son apparition sur le champ de bataille. Jusque-là, enfermé avec M. Dirk van der School, il s'était médiocrement occupé de ce qui se passait : — Cessez ! paix ! s'écria-t-il, ne pouvez-vous faire observer les lois sans verser le sang ?

— Ne tirez plus, au nom du Ciel ! cria une voix du haut de Belle Vue ; nous allons nous rendre, et vous entrerez dans la grotte.

A cette voix, l'infanterie légère de Templeton suspendit l'assaut ; Nathaniel s'assit sur un tronc d'arbre après avoir rechargé sa carabine, et l'on vit descendre avec rapidité de la montagne Edwards suivi du major Hartmann, qui montrait une agilité surprenante pour son âge. Ils atteignirent la terrasse dans un instant, et le jeune homme montrant le chemin, ils arrivèrent par le creux du rocher à l'ouverture de la caverne, laissant au dehors tout le monde silencieux et stupéfait.

XL

Pendant les cinq ou six minutes qui s'écoulèrent avant que le major et le jeune homme reparussent, M. Temple, le shérif et la plupart des volontaires montèrent sur la terrasse. On vit les pacificateurs, portant une chaise grossière recouverte d'une peau de daim non tannée, sur laquelle était assis un vieillard qu'ils déposèrent respectueusement au milieu des assistants. Cet homme avait de longs cheveux aussi blancs que la neige ; il était vêtu de drap très fin, mais usé et rapiécé.

Ses pieds étaient chaussés de mocassins où l'art des Indiens avait épuisé tous ses ornements. Ses traits avaient conservé un caractère imposant, mais ses yeux, quand il les entr'ouvrait, avaient ce regard vague et égaré qui indique l'absence de l'intelligence.

Cette apparition inattendue fit une vive impression sur les volontaires. Le vieillard, après avoir regardé autour de lui, fit un effort pour se lever et dit d'une voix tremblante, et avec une politesse qui semblait lui être habituelle : — Messieurs, prenez la peine de vous asseoir : la séance du conseil va s'ouvrir à l'instant : tous ceux qui sont restés fidèles au roi désirent que ces colonies rentrent dans le devoir. On va faire faire halte aux troupes pour cette nuit.

— C'est de la folie ! dit Marmaduke.

— Non, dit Edwards, c'est le langage d'un homme qui touche au terme de la vie ; mais l'affaiblissement de ses facultés n'est pas seulement l'ouvrage de la nature.

— Ces messieurs dîneront-ils avec nous, mon fils ? dit le vieillard ; commandez un bon dîner : vous savez que le gibier ne nous manque pas.

— Quel est cet homme ? demanda Marmaduke qui se perdait en conjectures.

— Cet homme, répondit Edwards avec calme, mais en élevant progressivement la voix, cet homme, qui vit caché dans les cavernes et privé de tous les agréments de la vie, a été le conseiller des maîtres de ce pays.

Ce vieillard tombé en enfance a été autrefois si renommé par sa bravoure, que les Indiens l'appelaient le Mangeur-de-Feu. Cet infortuné sans abri a possédé autrefois une immense fortune. Il était le légitime propriétaire des terres sur lesquelles nous nous trouvons.

— C'est donc le major Effingham ! s'écria Marmaduke avec une émotion profonde.

— C'est lui-même, dit Olivier, lui qu'on croyait perdu depuis si longtemps.

— Et vous ? dit le juge, et cette question paraissait lui coûter.

— Je suis son petit-fils.

Il y eut pendant une minute un silence profond ; tous les yeux étaient fixés sur les interlocuteurs ; l'impassible major Hartmann lui-même manifestait de l'émotion. Quand Marmaduke releva la tête, on vit de grosses larmes couler sur ses joues. Il serra affectueusement la main d'Olivier en lui disant : — Je te comprends maintenant, je te pardonne tes soupçons, tes procédés, tout, excepté les souffrances de ce vieillard, à la disposition de qui j'aurais mis ma maison et ma fortune.

— Je vous le disais bien, s'écria le major Hartmann. Marmaduke-Temple est un homme de cœur et un ami fidèle.

— Le major m'a déjà fait revenir de mes préventions contre vous, dit Olivier. Ne sachant où placer mon grand-père, je l'ai emmené chez un de ses anciens compagnons d'armes, le major notre ami commun, et, si ses renseignements sont exacts, mon père et moi nous vous avions mal jugé.

— Est-il certain que votre père a péri dans un naufrage dit Marmaduke.

— Hélas ! oui, répondit Olivier. Il était parti pour l'Angleterre dans la vue de réclamer une indemnité pour les biens dont il avait été dépouillé. Après un an d'absence, il revenait à Halifax où il m'avait laissé ; et de là il devait nous emmener dans les Indes où il avait été nommé gouverneur d'une des colonies anglaises. La Providence a voulu nous priver de son appui.

— Je le remplacerai, dit Marmaduke ; il était mon ami intime, c'est à moi qu'il avait confié le soin de sa fortune, et j'en rendrai un compte fidèle à son héritier.

— Serait-il possible que je vous eusse méconnu au point de croire que vous aviez abusé de la confiance de mon père ?

— Tu en jugeras toi-même, dit Marmaduke. Quand nous nous séparâmes, il me laissa la gestion de toute sa fortune sans exiger de moi aucun titre. Quand le triomphe de la cause de l'indépendance entraîna l'exil de ton père et la confiscation de ses biens, je les achetai avec l'intention de les lui restituer un jour. Depuis lors j'ai centuplé la valeur de ces propriétés. N'oubliant jamais que ton père était mon associé, je lui ai fait passer des sommes considérables. Il est vrai que trompé par de faux rapports, il avait douté de ma bonne foi ; mais j'ai pu parvenir à l'éclairer sur la vérité, et avant de mourir il l'a connue toute entière. Je te croyais auprès de lui, mon ami, et je supposais que tu avais partagé son sort fatal.

— Mon père m'avait laissé avec mon aïeul, parce qu'il avait à peine les moyens de payer ses propres frais de voyage. A bout de ressources, nous eûmes recours à Nathaniel Bumppo, vieux serviteur de ma famille. Elevé par mon grand-père, il l'avait accompagné dans plusieurs campagnes. Mohican, à qui Bas-de-Cuir avait sauvé la vie, l'avait fait agréger à la tribu des Delawares, qui lui confièrent la surintendance d'un vaste territoire.

— Voilà donc tout ce que tu as de commun avec la race indienne ?

— Pas davantage, dit Edwards en souriant. Le major Effingham avait été adopté par John Mohican, qui était alors le chef de sa tribu, et mon père, qui avait de fréquentes relations avec elle, avait reçu de lui le surnom d'Aigle, qu'il m'a transmis. La cabane de Nathaniel devint donc l'asile de mon grand-père ; c'est là que je cachai au monde la misère et la décrépitude d'un homme dont le position sociale inspirait le respect à tous. Je me fis chasseur pour pourvoir à sa subsistance et à la mienne. Vous savez, juge Temple, tout ce qui m'est arrivé depuis ce temps.

— Et vous n'avez pas songé au vieux Fritz

Hartmann! au camarade de votre père! dit l'Allemand d'un ton de reproche.

— J'ai pu pêcher par trop de fierté, messieurs, dit Olivier. Sans les évènements de cette journée, le sort de notre famille serait resté toujours environné de mystère. Cependant, si je n'avais pas craint que l'affaiblissement progressif de mon grand-père ne l'eût pas permis, je l'aurais conduit à New-York où nous avons des parents éloignés.

Pendant cette conversation, la voiture de Marmaduke était arrivée. On y mit le major Effingham qui y entra avec une joie d'enfant. L'ameublement de la maison réveilla encore quelques vagues souvenirs de son ancienne position sociale, mais il recommença bientôt à divaguer. La fatigue avait produit un épuisement qui obligea son petit-fils à le faire mettre au lit. Une fois couché, le vieillard ne se montra sensible qu'à un bien-être dont il était déshabitué.

Dès que son grand-père eut reçu tous les soins nécessaires, Olivier se rendit chez le juge, qui l'attendait, dans sa bibliothèque, avec le major Hartmann.

— Lis ce papier, lui dit Marmaduke; tu y verras la preuve que, loin de vouloir dépouiller ta famille, je n'ai pas cessé de veiller sur ses intérêts.

Le jeune homme prit le papier d'une main tremblante, et le lut avec des yeux mouillés de larmes. C'était le testament de M. Temple : il était daté de l'époque où il s'était si souvent enfermé avec M. Van der School. Les relations de Marmaduke avec le colonel Effingham étaient clairement exposées dans cet acte, qui contenait de plus un état exact des sommes confiées à la probité du juge et de leur produit. Après cela, M. Temple divisait sa fortune en deux parts égales ; il en léguait une à sa fille et l'autre au colonel ou à ses descendants.

Olivier fut touché jusqu'aux larmes de cette preuve évidente de la bonne foi du juge. Son émotion redoubla, lorsqu'il entendit une voix douce lui demander :

— Doutez-vous encore de nous ?

— Je n'ai jamais douté de vous, mademoiselle, s'écria le jeune homme en prenant la main d'Elisabeth.

— Et de mon père?

— Que Dieu le bénisse !

— Merci, mon ami ; nous avons eu tous deux des torts ; j'ai été trop lent, et toi trop vif. La moitié de mes biens t'appartient ; et, si je ne me trompe, l'autre moitié n'en sera pas séparée.

A ces mots, il plaça la main d'Olivier dans celle de sa fille, et les laissa seuls quelques instants. Leur tête-à-tête fut interrompu par l'arrivée de M. Le Quoi, qui venait faire la visite qu'il avait annoncée la veille. Son objet était d'offrir à miss Temple sa main et sa sucrerie. Elisabeth, qui sans doute avait pris des engagements antérieurs avec Olivier, lui répondit par un refus poli mais décisif. Il ne fut pas plus heureux auprès de miss Grant.

XLI

Les événements de notre histoire nous font traverser l'été, et après avoir parcouru presque tout le cercle de l'année, nous terminerons nos travaux dans le délicieux mois d'octobre. La période qui le précède fut marquée par plusieurs événements importants. Les deux principaux furent le mariage d'Olivier avec Elisabeth, et la mort du major Effingham, qui expira comme une lampe qui s'éteint.

Marmaduke, toujours fidèle à ses devoirs de magistrat, avait fait réintégrer en prison Nathaniel et Benjamin. Ils y furent retenus jusqu'au retour d'un exprès qui leur apporta des lettres de grâce. Hiram Doolittle reçut une indemnité pour sa blessure, et, comme il s'aperçut que les colons ne goûtaient plus ses talents pour l'architecture et la jurisprudence, il alla les offrir dans un nouvel établissement qui se formait à l'ouest de Templeton.

M. Le Quoi retourna à la Martinique; mais y ayant trouvé sa sucrerie aux mains des Anglais, il partit pour Paris. Là il trouva un emploi, et il ne laissait échapper aucune occasion d'envoyer de ses nouvelles à la famille Temple.

M. Grant fut forcé d'accepter du juge une ferme dans les environs de Templeton. Plus tard, il fut mis à la tête d'une paroisse sur les bords de l'Hudson. Sa fille, qui avait eu presque à son insu de l'inclination pour Olivier, oublia ces vagues souvenirs pour faire un mariage avantageux.

Peu de temps après leur union, par une belle matinée d'octobre, Olivier et Elisabeth dirigèrent leur promenade vers l'emplacement où avait été la cabane de Nathaniel. On en avait fait une verte pelouse entourée d'un mur à hauteur d'appui. En ouvrant la porte de cette enceinte, les jeunes époux aperçurent contre un mur la carabine de Bas-de-Cuir, et ses chiens couchés auprès. Lui-même étendu par terre non loin de là, écartait les hautes herbes qui avaient déjà poussé autour d'une pierre tumulaire en marbre blanc, et essayait d'en déchiffrer l'inscription. A côté de cette simple tombe, s'élevait un tombeau plus richement sculpté et orné d'une urne funéraire.

Olivier et Elisabeth s'avancèrent sans être entendus de Bas-de-Cuir, dont l'attention était absorbée par l'inscription de la tombe. — Au fait, dit-il en se relevant, je ne comprends pas bien ce qu'il y a d'écrit, mais ce doit ê... bien, à en juger par la pipe, le tomahawk et ... mocassins qui sont fort bien rendus. Ils reposent là tous les deux côte à côte, hélas! qui me mettra en terre quand mon heure sera venue?

— Quand viendra ce fatal moment, lui dit Olivier, vous ne manquerez pas d'amis pour vous rendre les derniers devoirs.

Le vieillard se retourna sans témoigner de surprise, car les manières des Indiens étaient devenues les siennes. — Puisque vous êtes venus voir les tombeaux, leur dit-il, ayez la bonté, mes enfants, de me dire ce que signifie cette écriture.

— On lit sur ce monument, dit Olivier, qu'il a été érigé à la mémoire d'Olivier Effingham, major au 60me régiment d'infanterie, lequel, après avoir connu les honneurs et la fortune, étant tombé dans la pauvreté, a été secouru par son fidèle ami et serviteur Nathaniel Bumppo.

— Ah! il y a cela! dit Bas-de-Cuir avec un sourire de joie. Que Dieu vous comble de bénédictions, mes enfants! Vous avez eu une bonne pensée, et le cœur d'un vieillard prêt à quitter le monde est sensible à ce souvenir. Montrez-moi où est mon nom.

Olivier passa le doigt sur toutes les lettres, et Nathaniel suivit avec des yeux attentifs cette épellation muette. — Rien ! dit-il, je suis content. Il restera un souvenir de moi dans ce pays où j'ai habité si long-temps. Et qu'avez-vous dit de l'Indien ?

Olivier lut : — « A la mémoire du chef indien appelé Mohican dit Chingachgook ; il eut les vertus d'un homme, et seulement les défauts d'un Indien. »

— Jamais on n'a rien dit de plus vrai, dit Bas-de-Cuir, ah ! si vous l'aviez connu quand il était jeune, vous en auriez eu une bien meilleure opinion. Alors la fumée des campements des Delawares s'élevait dans toute cette région ; aujourd'hui tout a disparu. Je ne puis plus rester dans ces lieux...

— Vous partez ! dit Edwards ; où donc portez-vous vos pas ?

Bas-de-Cuir, sans répondre, prit un paquet déposé sur une pierre et le chargea sur ses épaules. Il avait pris les mœurs des Indiens en se croyant toujours un homme civilisé : comme eux il savait cacher son émotion.

— A votre âge, dit Elisabeth, vous pensez à vous aventurer tout seul dans les bois ; quelle imprudence !

— Ma femme a raison, dit Olivier ; laissez donc votre paquet, et restez dans nos montagnes, puisque rien ne vous oblige à mener une vie si dure.

— Cette vie sera douce pour moi ; toute autre m'est à charge.

— Non, non, ne le laissons pas partir, dit Elisabeth. Songez avec quelle rapidité l'existence de Mohican a décliné et a pris fin.

— Je savais bien que notre séparation serait pénible, dit Nathaniel, mais il le fallait. Je suis las d'entendre le bruit des marteaux retentir du matin au soir; malgré mon attachement pour vous, il faut que j'aille vivre dans les bois.

— Est-il possible que vous vous enfoncez dans ces forêts sans fin ! dit Elisabeth.

— Ah! ma fille, c'est ce qui en fait le charme pour un homme habitué à la vie des déserts. Depuis que votre père est venu s'établir ici avec ses colons, ce pays-ci m'était insupportable; mais je n'ai pas voulu le quitter tant que ceux qui reposent ici étaient en vie. Maintenant votre bonheur est assuré : depuis un mois le château est dans la joie. Laissez-moi donc aller goûter un peu de bien-être pendant le peu de temps qui me reste à vivre.

— Vous manque-t-il quelque chose ici? Parlez, nous ferons tout pour vous.

— Ce n'est pas possible : nous ne suivons pas la même voie.

— Quelle résolution subite! dit Elisabeth. Moi qui croyais que vous finiriez vos jours auprès de nous.

— Nos paroles sont inutiles, dit Olivier; une liaison de quelques jours ne peut pas détruire des habitudes de quarante ans. Bas-de-Cuir, je n'insiste pas davantage : je vous connais trop bien. Laissez-moi vous faire construire une cabane sur une colline lointaine, où nous irons vous voir quelquefois.

— Ne vous inquiétez pas de moi, dit Bas-de-Cuir; Dieu pourvoira à ma subsistance, et me protégera jusqu'à la fin. Nos goûts ne sont pas les mêmes. J'aime la solitude des bois, et vous recherchez la société des hommes. Je mange quand j'ai faim, je bois quand j'ai soif, et vos repas sont à heures réglées. Par bonté d'âme vous nourrissez trop vos chiens, qui ne chassent bien que quand ils sont maigres. Dieu a placé ses créatures dans le lieu qui leur convient; à moi, il me faut le désert. Si vous m'aimez, laissez-moi aller aux lieux que je brûle de revoir.

Ces paroles étaient sans réplique. Elisabeth versa des pleurs abondants, et Olivier, les yeux humides, tira des billets de banque de son porte-feuille et les présenta au vieux chasseur, qui lui dit, après les avoir examinés avec curiosité : — Cette nouvelle monnaie n'est bonne que pour ceux qui savent lire. Gardez-la; elle me serait inutile. Je ne pourrais pas même en faire des bourres pour ma carabine, car je me sers de bourres de cuir. Madame, permettez à un vieillard de vous baiser la main.

— Restez, je vous en supplie encore, dit Elisabeth; je serai sans cesse inquiète sur le sort d'un homme qui m'a sauvé deux fois la vie, et qui a servi si fidèlement ceux que j'aime. Restez pour moi, si ce n'est pas pour vous. Je vous verrais toujours dans mes rêves attaqué par ces terribles animaux dont vous m'avez délivrée.

— Madame, dit Nathaniel d'un ton solennel, Dieu qui m'a conduit auprès de vous pour vous délivrer de ces animaux féroces, ne permettra pas que votre sommeil soit longtemps troublé par leur souvenir, et il saura me protéger contre leurs attaques. Cessez donc de craindre pour moi : que ma mémoire vous soit chère, ainsi qu'à votre mari, et non pas amère. Vivez en paix sous l'œil du Seigneur qui est présent dans les pays défrichés comme dans les déserts : qu'il vous bénisse, vous, avec tout ce qui vous est cher, jusqu'au jour où le dernier jugement réunira les blancs et les peaux-rouges.

Après ces paroles, il approcha respectueusement de ses lèvres la joue pâle qu'Elisabeth lui présentait, il pressa d'une étreinte convulsive la main d'Olivier, rajusta sa ceinture, mit sa carabine sur son épaule, et après quelques efforts inutiles pour parler, il cria d'une voix retentissante : — Allons, mes chiens, nous partons pour les grands lacs : notre voyage sera long.

A cet appel, les chiens se levèrent, flairèrent d'abord les tombes, puis les deux époux silencieux et immobiles, et enfin ils suivirent tristement leur maître. Olivier était appuyé contre le tombeau de son grand-père. Lorsqu'il releva la tête, il voulut faire une dernière tentative pour retenir le vieux chasseur, mais il était déjà loin. — Il est parti ! s'écria-t-il. Les deux époux le suivirent du regard jusqu'à la lisière du bois. Arrivé là, Bas-de-Cuir se retourna, passa précipitamment sa rude main sur ses yeux, l'agita en signe d'adieu, et après un nouvel appel à ses chiens, il s'enfonça dans la forêt.

On ne revit plus Bas-de-Cuir, malgré toutes les recherches du juge Temple pour le retrouver. Il était allé bien loin dans la direction du soleil couchant, précurseur de cette bande de Pionniers qui ouvrent à notre nation une route à travers le continent américain.

APPENDICE

Mœurs et coutumes des Delawares.

Nous empruntons au voyageur anglais Smith les notes suivantes sur les coutumes des Delawares :

Quand on demande à ces sauvages ce qu'ils pensent des âmes, ils répondent qu'elles sont les ombres ou les images animées du corps; et c'est par une suite de ce principe qu'ils croient tout animé dans l'univers. C'est par tradition qu'ils supposent l'âme immortelle. Ils prétendent que, séparée du corps, elle conserve les inclinations qu'elle avait pendant la vie ; et de là vient l'usage d'enterrer avec les morts tout ce qui servait à satisfaire leurs besoins ou leurs goûts. Ils sont même persuadés que l'âme demeure longtemps près du corps après leur séparation, et qu'ensuite elle passe dans un pays qu'ils ne connaissent point, où, suivant quelques-uns, elle est transformée en tourterelle. D'autres donnent à tous les hommes deux âmes : l'une telle qu'on vient de dire, l'autre qui ne quitte jamais le corps, et qui ne sort de l'un que pour passer dans un autre.

Cette raison leur fait enterrer les enfants sur le bord des grands chemins, afin qu'en passant les femmes puissent recueillir ces secondes âmes, qui, n'ayant pas joui longtemps de la vie, sont plus empressées d'en recommencer une nouvelle. Il faut aussi les nourrir et c'est dans cette vue qu'on porte diverses sortes d'aliments sur les tombes; mais ce bon office dure peu, et l'on suppose qu'avec le temps les âmes s'accoutument à jeûner. La peine qu'on a quelquefois à faire subsister les vivants fait oublier le soin de nourrir les morts. L'usage est aussi d'enterrer avec eux tout ce qu'ils possédaient, et l'on y joint même des présents : aussi le scandale est-il extrême dans toutes ces nations lorsqu'elles voient les Européens ouvrir les tombes pour en tirer les robes de castor qu'elles y ont enfermées. Les sépultures sont des lieux si respectés que leur profanation passe pour l'injure la plus atroce qu'on puisse faire aux sauvages d'une bourgade.

Sans connaître le pays de ces âmes, c'est-à-dire le lieux où elles passent en sortant du corps; ils croient que c'est une région fort éloignée vers l'ouest, et qu'elles mettent plusieurs mois à s'y rendre. Elles ont même de grandes difficultés à surmonter dans cette route : on parle d'un grand fleuve qu'elles ont à passer, et sur lequel plusieurs font naufrage ; d'un chien dont elles ont beaucoup de peine à se défendre ; d'un lieu de souffrances où elles expient leurs fautes ; d'un autre où sont tourmentées celles des prisonniers de guerre qui ont été brûlés, et où elles se rendent le plus tard qu'elles peuvent. De là vient que, après la mort de ces malheureux, dans la crainte que leurs âmes ne demeurent autour des cabanes pour se venger des tourments qu'on leur a fait souffrir, on visite soigneusement les lieux voisins, avec la précaution de frapper de grands coups de baguette et de pousser de grands cris pour les obliger de s'éloigner.

La félicité future consiste à trouver une chasse et une pêche qui ne manquent point, un printemps perpétuel, une grande abondance de vivres sans aucun travail, et tous les plaisirs des sens. Tous leurs vœux n'ont pas d'autre objet pendant la vie, et leurs chansons, qui sont ordinairement des prières, roulent sur la continuation des biens présents. Ils se croient sûrs d'être heureux après la mort à proportion de ce qu'ils le sont dans cette vie. Les âmes des bêtes ont aussi leur place dans le même pays, car ils ne les croient pas moins immortelles que leurs propres âmes. Ils leur attribuent même une sorte de raison, et non seulement chaque espèce d'animaux, mais chaque animal a son génie comme eux. En un mot, ils ne

Pionniers.

mettent qu'une différence graduelle entre les hommes et les brutes; l'homme n'est pour eux que le roi des animaux, qui possède les mêmes attributs dans un degré fort supérieur.

Rien n'approche de leur extravagance et de leur superstition pour tout ce qui regarde les songes. Ce n'est pas seulement sur celui qui a rêvé que tombe l'obligation d'exécuter l'ordre qu'il reçoit, mais ce serait un crime pour ceux auxquels il s'adresse de lui refuser ce qu'il a désiré dans son rêve. Les missionnaires en rapportent des exemples qui paraîtraient incroyables sur tout autre témoignage.

Si ce qu'un particulier désire en songe est de nature à ne pouvoir être fourni par un autre particulier, le public s'en charge; fallût-il l'aller chercher à cinq cents lieues, il faut le trouver à quelque prix que ce soit, et, quand on y est parvenu, on le conserve avec des soins surprenants. Si c'est une chose inanimée, on est plus tranquille; mais si c'est un animal, sa mort cause des inquiétudes qui ne peuvent être représentées. L'affaire est plus sérieuse encore quand quelqu'un s'avise de rêver qu'il casse la tête à un autre, car il la lui casse en effet s'il le peut; mais malheur à lui si quelque autre s'avise de songer qu'il venge sa mort.

Le seul remède entre ceux qui ne sont pas d'humeur sanguinaire est d'apaiser le génie par quelque présent.

Les Delawares habitent un pays fort rude et fort inculte ; mais il l'est encore moins que celui qu'ils choisissent pour leurs chasses. Il faut marcher longtemps pour y arriver, et porter sur le dos toutes les provisions nécessaires dans un voyage de cinq ou six mois, par des chemins où l'on ne comprend pas que des bêtes fauves puissent passer. Si l'on n'avait pas la précaution de se fournir d'écorce d'arbre, on ne trouverait pas de quoi se mettre à couvert de la pluie et de la neige. En arrivant au terme d'une si pénible marche, on se procure un peu plus de commodité, ce qui ne consiste qu'à se défendre un peu mieux des injures de l'air. Les cabanes, chez la plupart de ces nations sont à peu près de la forme de nos glacières, c'est-à-dire rondes et terminées en cône ; elles n'ont pour soutien que des perches plantées dans la neige, jointes ensemble par le haut, et recouvertes d'écorces mal jointes et mal attachées : aussi ne garantissent-elles d'aucun vent. Leur construction demande à peine une heure de temps. Les branches de sapin y tiennent lieu de nattes et servent de lits. Les neiges qui s'accumulent à l'entour forment une espèce de parapet. La fumée des feux remplit tellement le haut de la cabane qu'on ne peut y être debout sans avoir la tête dans une espèce de tourbillon ; souvent on ne distingue rien à la distance de deux ou trois pieds. On perd les yeux à force de pleurer, et quelquefois, pour s'y faciliter un peu la respiration, il faut se tenir couché sur le ventre, avec la bouche presque collée contre terre. On aimerait mieux rester dehors, si le temps ne s'y opposait : tantôt c'est une neige dont l'épaisseur obscurcit le jour; tantôt un vent sec qui coupe le visage, et qui fait éclater les arbres dans les forêts.

A de si cruelles incommodités il faut en ajouter une autre ; c'est la persécution des chiens. Les sauvages en ont toujours un grand nombre qui les suivent sans cesse et qui leur sont extrêmement attachés, peu caressants parce qu'on ne les caresse point, mais infatigables et fort habiles chasseurs. On les dresse de bonne heure pour les différentes chasses. Le soin de leur nourriture n'occupe jamais leurs maîtres ; ils ne vivent que de ce qu'ils peuvent trouver; aussi sont-ils toujours maigres et si dépourvus de poil que leur nudité les rend fort sensibles au froid. S'ils ne peuvent approcher du feu, où ils ne pourraient tenir tous quand il n'y aurait personne dans la cabane, ils se couchent sur les premiers lits qu'ils rencontrent, et souvent on se réveille la nuit presque étouffé par une troupe de chiens. En vain s'efforce-t-on de les chasser, ils reviennent aussitôt. Leur importunité recommence au jour. Ils ne voient paraître aucun aliment dont ils ne prétendent leur part.

J'assistai, dans une de mes excursions, à une scène d'enchantement des plus curieuses :

A la pointe du jour, on alluma un grand feu dans une maison longue, l'on y étendit des nattes, sur l'une desquelles on me fit asseoir. Alors mes gardes ordinaires reçurent ordre de sortir. Je vis entrer aussitôt un grand homme, d'un air rude, dont le corps était peint de noir, et qui avait sur la tête un paquet de peaux de serpents et de belottes, farcies de mousse, dont les queues attachées ensemble formaient au-dessus une espèce de houppe, et dont les corps, flottant sur ses épaules, lui cachaient presque entièrement le visage. Une couronne de plumes soutenait cet ornement bizarre. Il avait à la main une sonnette qu'il fit retentir longtemps, en prenant mille postures grotesques.

Ensuite il commença son invocation d'une voix forte, et se mit à tracer un cercle autour du feu avec de la farine. Alors trois autres devins, peints de noir et de rouge, à l'exception de quelques parties des joues, qui l'étaient de blanc, vinrent sur la scène avec diverses gambades. Ils commencèrent tous à danser autour de moi, et bientôt il en parut trois autres aussi difformes que les premiers, mais les yeux peints seulement de rouge, avec plusieurs traits blancs sur le visage.

Après une assez longue danse, ils s'assirent tous vis-à-vis de moi, trois de chaque côté du chef; et tous sept ils entonnèrent une chanson qui fut accompagnée du bruit des sonnettes. Lorsque cette étrange musique fut finie, le chef mit à terre cinq grains de blé; il ouvrit les bras, et les étendit avec tant de violence que ses veines parurent s'enfler. Il fit alors une courte prière, après laquelle ils poussèrent tous un soupir. Ensuite il remit trois grains de blé à quelque distance des autres, et le même exercice fut répété jusqu'à ce que les grains formassent trois cercles autour du feu. Ils prirent alors un paquet de petites branches apportées pour cet usage, dont ils mirent une dans chaque intervalle des grains. Cette opération dura tout le jour : ils le passèrent, comme moi, sans prendre aucune sorte d'aliment; mais, à l'entrée de la nuit, ils se traitèrent de ce qu'ils avaient de meilleur.

La même cérémonie fut recommencée trois jours de suite, sans que je pusse deviner à quoi elle devait aboutir. Enfin ils me dirent que la nation avait voulu savoir si j'étais bien ou mal disposé pour elle ; que le cercle de farine signifiait leur pays, les cercles de grain les bornes de la mer, et les petites branches ma patrie.

Je fus également témoin d'une chasse aux castors.

L'industrie que le castor déploie dans la préparation de son logement et de sa subsistance semble l'abandonner lorsqu'il s'agit de pourvoir à sa sûreté. C'est pendant l'hiver qu'il est exposé aux persécutions des chasseurs, c'est-à-dire depuis novembre jusqu'à avril, parce qu'alors, comme tous les autres animaux, il a plus de poil et la peau plus mince. Les sauvages ont quatre méthodes : les filets, l'affût, la tranche et la trappe; ils joignent ordinairement la première à la troisième et rarement ils emploient la seconde : le castor a les yeux si perçants et l'oreille si fine qu'il est difficile de s'en approcher avant qu'il ait gagné l'eau, où il plonge d'abord et dont il ne s'écarte pas beaucoup en hiver; on le perdrait même quand il aurait été blessé d'un coup de flèche ou de balle avant que de s'être jeté à l'eau, parce qu'il ne revient point au-dessus lorsqu'il meurt d'une blessure. Ainsi les méthodes communes sont celle de la trappe et de la tranche.

Quoique ces animaux aient amassé leurs provisions pour l'hiver, ils font cependant quelques excursions dans les bois pour y chercher une nourriture plus fraîche et plus tendre. Les sauvages dressent des trappes sur leur chemin, à peu près telles que nos quatre de chiffre, et mettent pour amorce de petits morceaux de bois tendre fraîchement coupées. Le castor n'y a pas plutôt touché qu'il lui tombe sur le corps une grosse bûche qui lui casse les reins; et le chasseur qui survient l'achève sans peine.

La tranche demande plus de précaution. Lorsque l'épaisseur de la glace est de 15 centimètres, on y fait une ouverture avec la hache. Les castors ne manquent pas d'y venir respirer avec plus de liberté : on les y attend; on remarque même leur approche au mouvement qu'ils donnent à l'eau et rien n'est plus facile que de leur casser la tête au moment qu'on la découvre. Si l'on ne veut point être aperçu de l'animal, on met sur le trou de la bourre des roseaux ou des épis de typha; et, lorsqu'il est à portée, on le saisit par une patte, on le jette sur la glace et quelques coups l'assomment avant qu'il soit revenu de son étourdissement. Si la cabane est proche de quelque ruisseau, il en coûte encore moins. On coupe la glace en travers pour y tendre un grand filet; ensuite on va briser la cabane. Tous les castors qu'elle contient ne manquent point de se sauver dans le ruisseau et se trouvent pris dans le filet; mais on les y laisse peu, parce qu'ils s'échapperaient en le coupant.

Ceux qui bâtissent leurs cabanes dans les lacs ont, à quelques cents pas du rivage, une autre retraite qui leur tient lieu de maison de campagne, pour y respirer un meilleur air. Alors les chasseurs se partagent en deux bandes; l'une pour briser la cabane des champs, l'autre pour donner en même temps sur celle du lac. Les castors d'une cabane veulent se réfugier dans l'autre et coûtent peu à tuer dans le passage. En quelques endroits on se contente de faire une ouverture aux digues : les castors se trouvent bientôt à sec et demeurent sans défense. S'ils n'aperçoivent pas les auteurs du mal, ils accourent pour y remédier; mais comme on est préparé à les recevoir, il est rare qu'on les manque, ou du moins qu'on n'en prenne pas plusieurs. Quelques relations assurent que, s'ils découvrent les chasseurs ou quelques-unes de ces bêtes carnassières qui leur font la guerre, ils plongent avec un si grand bruit, en battant l'eau de leur queue, qu'on les entend d'une demie-lieue, apparemment pour avertir tous les autres du péril qui les menace. Ils ont l'odorat si fin que, dans l'eau même, ils sentent de fort loin les canots; mais on ajoute qu'ils ne voient que de côté et que ce défaut les livre souvent aux chasseurs qu'ils veulent éviter.

Les chasseurs empêchent soigneusement que leurs chiens ne touchent aux os des castors, parce qu'ils sont d'une dureté à laquelle il n'y a point de dents qui résistent.

En 1684, La Barre, gouverneur général de la Nouvelle-France, craignant quelque irruption de la part des Indiens, qui s'étaient rendus plus redoutables que jamais et qui avaient aussi leurs sujets de plainte, engagea d'Iberville, gentilhomme canadien, à lui amener quelques anciens auxquels il se flattait encore d'inspirer le goût de la paix, ou d'imposer par sa fermeté.

Il s'était avancé jusqu'au fort de Catarocouï, avec un corps de troupes qu'il voulait faire passer pour une simple escorte, et d'Iberville revint en effet avec un des principaux chefs des Onontagués, qui se nommait Grangula, suivi de trente jeunes guerriers. Mais dans l'intervalle une partie des troupes françaises fut affligée de diverses maladies. Cette disgrâce ne put être cachée aux sauvages, parce que plusieurs d'entre eux, qui entendaient un peu le français, se glissèrent pendant la nuit derrière les tentes, où les discours inconsidérés de quelques soldats leur firent connaître l'état des malades. Cependant, deux jours après leur arrivée, le chef fit dire à La Barre qu'il était prêt à l'entendre, et l'assemblée, se tint entre les deux camps.

Grangula s'assit à la manière orientale au milieu de ses guerriers, qui prirent la même posture. Il avait la pipe à la bouche et le grand calumet de paix était vis à vis de lui avec un collier. La Barre, assis dans un grand fauteuil, avait des deux côtés une foule d'officiers français. Il ouvrit la conférence.

. . . .
. . . .

La Barre ayant cessé de parler, Grangula, qui ne regardait que le bout de sa pipe, se leva et fit cinq ou six tours dans le cercle composé de Sauvages et de Français, revint à sa place, se plaça debout devant le général, et, le regardant d'un œil fixe, lui répondit en ces termes :

« Onnontio (*grande montagne*, titre d'honneur que les sauvages donnaient aux gouverneurs français), Onnontio, je t'honore. Tous les guerriers qui m'accompagnent t'honorent aussi. Ton interprète a fini son discours, je vais commencer le mien. Ma voix court à ton oreille; écoute mes paroles :

» Onnontio, il fallait que tu crusses, en partant de

Québec, que l'ardeur du soleil eût embrasé les forêts qui rendent nos pays inaccessibles aux Français, ou que le lac les eût tellement innondés que, nos cabanes se trouvant environnées de ces eaux, il nous fût impossible d'en sortir. Oui, Onnontio, il faut que tu l'aies cru et que la curiosité de voir tant de pays brûlés ou submergés t'ait porté jusqu'ici. Tu es maintenant désabusé, puisque moi et mes guerriers venons t'assurer que les Tsonontouans, les Goyoguans, les Oneyouths et les Agniés n'ont pas encore péri. Je te remercie en leur nom d'avoir rapporté sur leurs terres ce calumet de paix que ton prédécesseur a reçu de leurs mains. Je te félicite en même temps d'avoir laissé sous terre la hache meurtrière qui a rougi tant de fois du sang des Français. Ecoute, Onnontio : je ne dors point, j'ai les yeux ouverts et le soleil qui m'éclaire me fait découvrir à la tête d'une troupe de guerriers un grand capitaine qui parle en sommeillant. Il dit qu'il ne s'est approché de ce lac que pour fumer dans le grand calumet de paix avec les Onontagués; mais Grangula sait au contraire que c'était pour leur casser la tête, si tant de vrais Français ne s'étaient affaiblis. Je vois qu'Onnontio rêve dans un camp de malades à qui le Grand-Esprit a sauvé la vie par des infirmités.

» Ecoute, Onnontio : nos femmes avaient pris les casse-têtes, nos enfants et nos vieillards portaient déjà l'arc et la flèche à ton camp, si nos guerriers ne les eussent retenus et désarmés, lorsque ton ambassadeur Akouessan parut dans mon village. C'est un fait, j'ai parlé.

» Écoute, Onnontio : nous n'avons pas pillé d'autres Français que ceux qui portaient des fusils, de la poudre et des balles aux Otamis et aux Illinois, nos ennemis, parce que ces armes auraient pu leur coûter la vie. Nous avons fait comme les jésuites, qui cassent tous les barils d'eau-de-vie qu'on porte dans nos villages, de peur que les ivrognes ne leur cassent la tête. Nos guerriers n'ont point de castors pour payer toutes les armes qu'ils ont pillées, les pauvres vieillards ne craignent point la guerre. Ce collier contient ma parole.

» Nous avons introduit les Anglais dans les lacs pour y trafiquer avec les Otaouais et les Hurons, de même que les Algonquins ont conduit les Français à nos villages, que les Anglais disent leur appartenir. Nous sommes nés libres; nous ne dépendons ni d'Onnontio, ni de *Colar* (nom que les sauvages donnent aux gouverneurs anglais). Il nous est permis d'aller où nous voulons, d'y conduire qui bon nous semble, d'acheter et de vendre, et à qui il nous plaît. Si tes alliés sont tes esclaves ou tes enfants, traite-les comme tes esclaves ou comme tes enfants, ôte-leur la liberté de recevoir chez eux d'autres gens que les tiens. Ce collier contient ma parole.

» Nous avons cassé la tête aux Illinois et aux Otamis, parce qu'ils ont coupé les arbres de paix qui servaient de limite à nos frontières. Nous avons moins fait que les Anglais et les Français, qui, sans droit, ont usurpé les terres qu'ils possèdent sur plusieurs nations qu'ils ont chassées de leur pays, pour bâtir des villes, des villages et des forteresses. Ce collier contient ma parole.

« Ecoute, Onnontio : ma voix est celle de cinq cabanes indiennes. Voilà ce qu'elles te répondent. Ouvre encore l'oreille pour entendre ce qu'elles te font savoir. Les Tsonontouans, les Goyoguans, les Onontagués, les Oneyouths et les Agniés disent que, quand ils enterrèrent la hache à Catarocoui, en présence de ton prédécesseur, au centre du fort, ils plantèrent au même lieu l'arbre de paix, pour y être conservé ; qu'au lieu d'une retraite de guerriers, ce fort ne devait plus être qu'une retraite de marchands ; qu'au lieu d'armes et de munitions, il n'y aurait plus que des marchandises et des castors qui pussent y entrer. Ecoute, Onnontio ; prends garde à l'avenir qu'un aussi grand nombre de guerriers que celui qui paraît ici, se trouvant enfermé dans un si petit fort, n'étouffe cet arbre. Ce serait dommage que, ayant si aisément pris racine, on l'empêchât de croître et de couvrir un jour de ses rameaux ton pays et le nôtre. Je t'assure, au nom des nations, que nos guerriers danseront sous ces feuillages la danse du calumet, qu'ils demeureront tranquilles sur leurs nattes et qu'ils ne déterreront la hache, pour couper l'arbre de paix, que quand leurs frères Onnontio et Colar, conjointement ou séparément, entreprendront d'attaquer le pays dont le Grand-Esprit a disposé en faveur de nos ancêtres. Ce collier contient ma parole : et cet autre, le pouvoir que les cinq nations m'ont donné. »

Enfin Grangula s'adressant à d'Iberville, lui dit : « *Akouessan*, prends courage. Tu as de l'esprit : parle, explique ma parole; n'oublie rien, dis tout ce que tes frères et tes amis annoncent à ton chef Onnontio par la voix de Grangula, qui t'honore et t'invite à recevoir ce présent de castors et à te trouver tout à l'heure à son festin. Ces autres présents de castors sont envoyés à Onnontio de la part des cinq nations. »

L'Indien ayant cessé de parler, d'Iberville et quelques missionnaires présents expliquèrent sa réponse à La Barre, qui entra dans la tente fort mécontent de la fierté de Grangula. C'était la première fois qu'il traitait avec les sauvages.

Le Niagara, le lac Ontario et le lac Erié.

A dix-huit milles de la ville de Niagara, en remontant la rivière du même nom, on trouve ces fameuses cataractes, placées à juste titre parmi les plus étonnantes merveilles de la nature. La route qui conduit du lac Ontario au lac Erié, n'en est éloignée que de quelques centaines de pas, et suit les coteaux escarpés, au pied desquels coule la rivière de Niagara, assez près pour que le voyageur ait sous les yeux des tableaux plus curieux et plus pittoresques les uns que autres. Cette rivière, au lieu de se rétrécir, comme les autres vers sa source, s'élargit si rapidement, que dans l'espace de trois lieues, elle a un mille de large, et toute l'apparence d'un lac ; car elle est environnée de tous côtés par de hautes montagnes, et ses eaux coulent si tranquillement qu'on ne leur croirait aucun courant. Lorsqu'on est sorti de ce bassin long d'environ deux milles, le lit de la rivière se trouve tout à coup resserré entre deux chaînes de montagnes, et de là, jusqu'aux cataractes, le courant est rapide et irrégulier. A la sortie du bassin, au pied du coteau, est un petit village auquel on a donné le nom de Queenstown, mais qui est plus connu dans le pays sous celui de *Débarquement*, parce que c'est là que les vaisseaux marchands s'arrêtent pour déposer les marchandises destinées à l'intérieur du pays.

A deux ou trois cents pas de Queenstown, à mi-côte, on aperçoit une longue file de maisons en bois d'une certaine apparence, c'étaient des casernes pour les troupes stationnées dans ce lieu ; elles ne sont plus occupées en raison de l'intempérie du climat. Un groupe de montagnes, couvertes de chênes d'une hauteur immense, se présente à la vue ; la route serpente autour, mais elle est si escarpée et si raboteuse, qu'il faut gagner le sommet à pied. Après avoir traversé ces montagnes, on se trouve sur un terrain uni.

Du sommet de l'une de ces montagnes, au pied de laquelle se trouve le petit village de Queenstown, le voyageur admire une des plus belles perspectives que l'on puisse rencontrer. En regardant au travers des arbres dont la montagne est couverte depuis sa base jusqu'au sommet, il aperçoit à gauche les toits des maisons de Queenstown, et au bas du village les vaisseaux mouillés dans la rivière à deux cents pieds au-dessous de lui ; les mâts ressemblent à de faibles roseaux se glissant furtivement au milieu de l'épais feuillage, dont les arbres sont couverts. S'il porte sa vue un peu plus loin, il suit le cours de la rivière dans toutes ses sinuosités jusqu'à son embouchure, où il la voit se jeter dans le lac Ontario, entre la ville et le fort : de ce côté, le point de vue est terminé par le lac, excepté dans une partie de l'horizon, où l'on aperçoit les sommets des Montagnes-Bleues de Toronto. La rive droite de la rivière offre, d'un côté, le tableau de la nature la plus sauvage, et de l'autre, ce sont des champs cultivés et de jolies fermes, disséminées depuis le bord de l'eau jusqu'à une grande distance dans les terres ; mais à mesure que l'on s'éloigne de la partie navigable, les traces de culture et de population diminuent, et finissent par disparaître entièrement.

Sur la route qui conduit au lac Érié, et dans le voisinage de la cataracte, est un petit village au-delà duquel on traverse quelques champs, et l'on s'avance ensuite vers un creux extrêmement profond, environné de grands arbres, et du fond duquel sort une prodigieuse quantité de vapeurs blanches, semblables à la fumée d'un monceau de broussailles en feu. Arrivée sur les bords de ce creux, on descend un coteau très escarpé d'environ cinquante pas, et, après avoir marché quelque temps dans une espèce de marais, couvert de buissons, on arrive au rocher de la Table, ainsi nommé parce qu'il a une surface très unie et à peu près la forme d'une table. Ce rocher est placé presque en face de la grande cataracte, au-dessus de laquelle il est élevé d'environ quarante pieds. Le point de vue est sublime de ce côté. Mais avant d'en donner une idée, il faut décrire au lecteur la rivière et les cataractes.

La rivière de Niagara prend sa source dans la partie orientale du lac Erié, et après un cours de trente milles elle se jette dans le lac Ontario. En partant du lac Erié, jusqu'à quelques milles au-delà, sa largeur est d'environ trois cents pas; mais son courant est si rapide et si irrégulier, son cours est tellement embarrassé par des rochers énormes répandus en grand nombre sur sa surface, qu'il serait extrêmement dangereux d'y naviguer autrement qu'avec des bateaux. Ensuite le lit s'étend, les rochers disparaissent, les eaux, quoique rapides, coulent sans fracas, uniformément; et la navigation devient facile et sûre pour des bateaux, jusqu'au fort Chippeway, situé à trois milles au-dessus des cataractes. En cet endroit, son cours est de nouveau obstrué par des rochers, et ses eaux, après s'être précipitées de plusieurs sauts qui se succèdent les uns aux autres, sont tellement irritées, que si un canot osait dépasser le fort Chippeway, où l'on s'arrête ordinairement, aucune force humaine ne pourrait l'empêcher d'être mis en pièces longtemps avant d'arriver aux cataractes.

A mesure que la rivière approche des cataractes, ses eaux redoublent de violence, en passant au travers des rochers qui s'opposent à leur passage ; mais dès qu'elles ont atteint le bord, elles se précipitent en masse, sans rencontrer aucun obstacle dans leur chute. Un moment avant d'arriver au précipice, la rivière fait un détour considérable sur la droite, ce qui donne à cette nappe d'eau une direction oblique, et lui fait faire un angle assez considérable avec le rocher du haut duquel elle tombe. La largeur des cataractes est plus grandes que celle de la rivière, et celle-ci, en se précipitant ne forme pas une nappe unique, elle est partagée par des îles en trois cataractes bien distinctes les unes des autres. La plus étendue est appelé *la grande cataracte*, ou la cataracte du Fer-à-Cheval, parce qu'elle en a un peu la forme. Sa hauteur n'est que de cent cinquante-deux pieds, tandis que celle des autres est de cent soixante ; mais c'est précisément ce qui lui donne la prééminence sur les deux autres, tant pour la largeur que pour la rapidité. Le lit de la rivière, au-dessus du précipice, étant plus bas d'un côté que de l'autre, les eaux se pressent vers la partie la moins élevée, et acquièrent dans leur chute une plus grande vélocité que celles qui s'échappent par l'autre côté. Du côté du Fer-à-Cheval il s'élève un nuage prodigieux de vapeurs, que l'on aperçoit, par un temps serein, à quarante-quatre milles. Il est impossible de mesurer l'étendue de cette partie de la cataracte autrement qu'avec l'œil; l'opinion générale lui donne une circonférence de six cents pas. L'île qui la sépare de la cataracte la plus voisine, peut avoir trois cent cinquante pas de large; la seconde cataracte n'en a que cinq. L'île qui sépare celle-ci de la troisième en a trente; et cette troisième qu'on appelle communément *la cataracte du fort Schloper*, parce qu'elle comprend toute la rive où est situé ce fort, en a au moins autant que la plus grande des deux îles. D'après cet aperçu, la largeur totale du précipice, en y comprenant les îles, est de treize cent cinq pas. On assure que le volume d'eau qui se précipite du haut des cataractes, est de six cent soixante-douze mille tonneaux par minute.

Retournons maintenant au rocher de la Table, situé sur le bord de la cataracte du Fer-à-Cheval. De là, le spectateur jouit sans aucun obstacle de la vue d'un magnifique tableau. Devant lui sont ces rapides courants, placés au-dessus des cataractes; sur les côtés se trouvent d'immenses forêts, dont les deux bords de la rivière sont couverts; un peu au-dessous se présente la cataracte du Fer-à-Cheval; à quelque distance sur la gauche, celle du fort Schloper, et, perpendiculairement sous les pieds, est placé ce gouffre terrible, dont l'œil épouvanté ose à peine, en plongeant par-dessus les bords du rocher, mesurer la profondeur. Il est impossible d'exprimer à quel point l'âme est saisie à la vue de tant d'objets divers et extraordinaires ; ce n'est qu'après quelques minutes de recueillement, qu'on peut distinguer les parties qui composent ce tableau merveilleux, et les examiner séparément.

Le cœur de l'hiver est l'époque où la cataracte doit le plus exciter la curiosité, et commander l'admiration. Pendant cette saison, les glaces s'accumulent au fond du précipice, et forment d'immenses montagnes et d'énormes glaçons que l'on prendrait pour les colonnes d'un édifice grossier ; elles sont, en plusieurs endroits, suspendues à la partie supérieure du précipice, et paraissent atteindre le fond du gouffre.

En quittant ce lieu, l'auteur et ses guides traversent le bois qui borde les cataractes et ils gagnent les champs, d'où il se dirigent, en suivant un petit sentier sinueux d'un mille de long, vers un endroit du coteau par où l'on descend au pied de la grande cataracte. La rivière est bordée, dans l'espace de plusieurs milles au-dessus du précipice, de coteaux escarpés formés de terres et de rochers qu'il est impossible de monter ou de descendre, excepté en deux endroits où des masses se sont détachées, et où l'on a placé à chaque brèche une échelle pour la commodité des voyageurs. La première que l'on rencontre le long de la rivière, en partant de la cataracte du Fer-à-Cheval, s'appelle l'échelle des Indiens, parce que ce sont eux qui l'on construite. Ces échelles, car il y en plusieurs de placées les unes au-dessus des autres, sont tout simplement de grands sapins, le long desquels on a pratiqué des entailles pour poser le pied.

Arrivé au pied du coteau, on se trouve au milieu d'un prodigieux amas de rochers qui ont été détachés en totalité ou en partie. Ces derniers, couverts de sapins et de cèdres sont suspendus sur la tête du voyageur, et menacent de l'écraser. Plusieurs de ces arbres ont la tête en bas, et ne tiennent au coteau que par leurs racines; mais celles-ci sont si fortement attachées, que lorsque la masse de terre qui les soutenait s'est éboulée, les arbres sont restés suspendus. La rivière n'a, à cet endroit, qu'un quart de mille de largeur, et sur la rive opposée on voit parfaitement bien la cataracte du fort Schloper dont la partie inférieure est enveloppée d'une écume blanche comme du lait, qui sort à gros bouillons du sein des rochers; mais elle ne s'élève pas au-dessus en forme de nuage, comme celle de la cataracte du Fer-à-Cheval, elle va tomber en pluie de l'autre côté de la rivière. On voit sur les bords de la rivière une prodigieuse quantité de squelettes de poissons, d'écureuils, de renards et d'autres animaux qui ont été surpris et entraînés par le courant au-dessus des cataractes, précipités dans le gouffre, et jetés ensuite sur le rivage. On voit également des arbres, des pièces de bois que le courant a détachées des moulins à scier, et qu'il a entraînées dans le précipice. Les carcasses des animaux, et particulièrement les gros poissons, paraissent avoir infiniment souffert par les chocs violents qu'ils ont éprouvés en traversant le précipice. L'odeur insupportable de ces matières putrides répandues sur le rivage, attire une foule d'oiseaux de proie que l'on voit sans cesse planer sur les lieux.

En suivant un chemin difficile, raboteux et quelquefois dangereux, on peut arriver au pied de la grande cataracte, et même s'avancer derrière cette prodigieuse nappe d'eau, parce que le rocher du haut duquel elle se précipite a une forte saillie en avant, et que la chaleur occasionnée par la violente ébullition des eaux, a creusé, dans la partie inférieure, des cavernes profondes qui s'étendent fort au loin sous le lit de la partie supérieure de la rivière. Notre voyageur s'avança de cinq ou six pas derrière la nappe d'eau, afin de jeter un coup d'œil dans l'intérieur de ces cavernes; mais il fut presque suffoqué par un tourbillon de vent; ce vent règne constamment et avec furie au pied de la cataracte; il est occasionné par les chocs violents de cette prodigieuse masse d'eau contre les rochers. L'auteur assure qu'aucune expression ne peut donner une idée juste des sensations que l'on éprouve à la vue d'un spectacle aussi imposant. Le bruit effrayant des vagues se brisant contre les rochers, inspire une terreur religieuse qui s'accroît encore, lorsqu'on réfléchit qu'un souffle de ce tourbillon pourrait enlever de dessus le rocher glissant celui qui s'y trouve placé, et le précipiter dans le gouffre, dont aucune force humaine ne pourrait le retirer.

Depuis que les cataractes du Niagara ont été découvertes, elles se sont considérablement reculées, à cause des parties de rochers qui se sont successivement détachées du précipice, par l'action constante des eaux. Les parties inférieures cèdent les premières, et les autres se trouvant minées et sans appui, finissent par succomber sous le poids qui les accable.

A une journée de marche des cataractes, on trouve le lac Érié, dont la longueur est de trois cents milles, et la largeur de quatre-vingt-dix. Les bords du lac sont d'une hauteur très inégale. En quelques endroits ce sont des montagnes escarpées, qui s'élèvent perpendiculairement au-dessus du bord de l'eau ; dans d'autres, la terre est si basse et si plate, que lorsque les eaux montent au-dessus de leur niveau ordinaire, le pays est inondé, sur une étendue de plusieurs milles.

On trouve à l'extrémité occidentale de ce lac une grande quantité d'îles très rapprochées les unes des autres. Les plus grandes ont quatorze milles de circonférence, et les plus petites n'ont pas quatorze verges ; mais elles sont toutes couvertes d'arbres de plusieurs espèces, particulièrement de très beaux chênes noirs et de cèdres rouges. Ces îles sont toutes au niveau des eaux du lac, on n'y aperçoit aucune colline, elles ont l'air d'avoir été couvertes par des inondations, et plusieurs d'entre elles ont dans leur intérieur de vastes marais.

On trouve dans ces îles beaucoup de lapins et d'écureuils. Quelques ours y passent une partie de l'hiver, lorsque le lac est pris entre les îles et le continent, mais ils n'y restent pas. Toutes ces îles sont infestées de serpents, et les crotales surtout y sont si nombreux, qu'il est dangereux d'y débarquer en été. Le serpent à sonnette est beaucoup plus gros, en proportion de sa longueur, que ne le sont les autres serpents. Cette grosseur qui va en croissant, des deux extrémités vers le milieu du corps, lui donne la forme d'un triangle, son ventre étant extrêmement plat, et l'épine du dos plus élevée que toutes les autres parties de son corps. Lorsque cet animal est blessé ou qu'il est en colère, sa peau présente à l'œil les plus brillantes couleurs, ce qui n'arrive jamais lorsqu'il est en repos. La dent qu'emploie cet animal pour ses fonctions ordinaires, n'est point celle avec laquelle il attaque son ennemi. Il se sert, dans cette occasion, de deux incisives crochues qui sont fixées dans la mâchoire supérieure, et dont la pointe est tournée vers l'intérieur. Lorsqu'il veut attaquer, il se redresse sur sa queue, jette sa tête en arrière, abaisse sa mâchoire inférieure, et s'élançant sur sa queue, il cherche, pour ainsi dire, à s'accrocher à son ennemi; pour être en état de se redresser sur la queue, il se lève en ligne spirale, sa tête placée au milieu. Il ne s'élance jamais que de la moitié de sa longueur.

La chair du serpent à sonnette est aussi blanche que celle du poisson le plus délicat, et elle est très estimée par ceux que la prévention n'empêche pas d'en manger. On en fait de la soupe que l'on dit être délicieuse et très nourrissante.

En quittant le lac Érié, l'auteur s'embarqua sur la rivière de Détroit pour se rendre à la ville du même nom, dont les deux tiers des habitants sont Français d'origine. A peu de distance de la ville de Détroit, se trouve le lac Michigan de deux cents milles de longueur et de soixante de largeur, et le lac Huron dont la circonférence est d'un millier de milles. La communication de ces lacs se fait par celui de Saint-Clair et par la rivière de Détroit.

Le sol du pays qui borde la rivière de Détroit, est assez fertile et donne d'excellentes moissons de maïs et de froment. Le climat est plus sain que celui des environs de la rivière de Niagara.

C'est dans la ville de Malden que le gouvernement anglais fait tous les ans au mois de septembre, distribuer au nom du roi des présents aux Indiens qui habitent cette partie du pays pour s'assurer leur affection; ces présents se composent de couvertures, d'étoffes de couleur bleue, brune et écarlate, de toile de coton à grands dessins, de grands rouleaux de tabac, de fusils, de pierres à fusils, de poudre, de balles, de menu plomb, de couteaux à gaine, de peignes de corne ou d'ivoire, de miroirs, de haches de guerre, de ciseaux, d'aiguilles, de sacs de vermillon, de vases de cuivre et de fer, le tout évalué à cinq cents livres sterling.

Notre voyageur assista à une de ces distributions. Le jour fixé se trouva être un des plus beaux de la saison. On avait fait d'avance toutes les dispositions préliminaires.

Autour de la principale cour de la maison de celui qui est à la tête du département des affaires concernant les Indiens, étaient rangés différents poteaux, chacun avec une étiquette, désignant le nom de la tribu, et le nombre des individus dont elle se composait. Les ballots ayant alors été ouverts, les commis coupèrent les couvertures et les étoffes de laine et de coton, en coupons assez grands pour envelopper le corps, et en faire une chemise, des pantalons, etc., etc. Tous ces morceaux furent jetés en monceau au pied du poteau de la tribu à laquelle ils étaient destinés. Précédemment, un certain nombre de chefs pris dans chaque tribu, avaient apporté au département un faisceau de petits morceaux de bois de cèdre, de la grosseur d'un crayon de portefeuille, sur lesquels étaient marqués le nombre des individus qui espéraient avoir part aux présents de leur *grand-père* (c'est-à-dire le roi).

Ces morceaux de bois étaient de longueurs différentes ; les plus longs désignaient le nombre des guerriers de chaque tribu ; ceux qui venaient ensuite indiquaient celui des femmes, et les plus petits celui des enfants.

Les préparatifs étant achevés, on dit aux chefs d'assembler leurs guerriers dispersés dans les environs ; en quelques minutes ils arrivèrent, et après les avoir rangés en cercle autour de lui, le gouverneur leur fit un discours analogue à la circonstance, cérémonie qui doit toujours accompagner toute espèce d'affaires avec les Indiens. Il leur dit : « Que leur bon père, leur grand-père, qui demeure de l'autre côté du grand lac (voulant dire le roi), toujours attentif au bonheur de tous ses fidèles sujets, avait, avec sa bonté ordinaire, envoyé les présents qu'ils voyaient devant eux, à ses bons enfants les Indiens ; qu'il y avait des fusils, des haches et des munitions pour les jeunes gens, et des habits pour les vieillards, les femmes et les enfants ; qu'il espérait que les premiers n'emploieraient pas les instruments de guerre contre des ennemis, mais seulement contre des animaux ; qu'il leur recommandait de respecter les vieillards, et de partager généreusement avec eux les produits de leur chasse ; qu'il espérait que le grand esprit leur accorderait de beaux jours, des nuits claires et une saison favorable pour chasser ; et que lorsque l'année serait révolue, il ne manquerait pas, s'ils continuaient d'être ses bons enfants, de renouveler ses bontés à leur égard, en leur envoyant encore d'autres présents. »

Ce discours fut prononcé en anglais, mais chaque tribu avait son interprète particulier qui lui en répétait les paragraphes les uns après les autres, et à la fin de chacun, les Indiens témoignaient leur satisfaction par cette exclamation : *ho! ho!* Le discours achevé, les chefs eurent ordre de s'avancer, et furent conduits vers les poteaux portant les noms de leurs tribus respectives, et on leur remit les présents qui leur étaient destinés. Ceux-ci, en les recevant, témoignèrent leur reconnaissance ; ensuite sur un signal qu'ils firent à leurs guerriers, un nombre de jeunes gens sortirent de la foule et en moins de trois minutes, les présents furent enlevés et transportés à bord des canots ; et delà, dans l'île et les villages adjacents. Les Indiens se conduisirent avec ordre et décence ; on n'entendit pas le plus léger murmure. Il n'y eut pas le plus petit différend entre eux pour le partage, et pas le moindre symptôme de jalousie entre les diverses tribus, sur la nature et la qualité des présents échus à chacune d'elles.

Les Indiens, dans le Canada, ont tous les cheveux longs, droits et noirs ; ils ont de petits yeux noirs, la pommette des joues élevée, le nez mince, pointu et presque aquilin. Leurs dents sont très belles et leur haleine parfaitement douce. On rencontre rarement parmi eux quelqu'un de difforme ; leur démarche est assurée et fière, plusieurs même ont beaucoup de dignité, presque tous ont une taille au-dessus de la moyenne et passeraient en tout pays pour de beaux hommes.

Les femmes au contraire, ont un extérieur très désagréable, elles marchent les pieds en dedans; et deviennent excessivement grasses en vieillissant.

Des mocassins ou souliers faits de peaux de daim, d'élan ou de buffle, des espèces de bas d'une étoffe écarlate ou bleue, disposés de manière à coller comme des pantalons, et montant depuis le cou-de-pied jusqu'à mi-cuisse; une ceinture à laquelle est suspendue une poche qui contient du tabac et un couteau ou scalpel; voilà ce qui compose l'habillement de ces Indiens, lorsqu'ils sont en course. Lorsqu'ils veulent se parer pour visiter leurs amis, ils portent une chemise courte de toile de coton grossière, chamarrée de couleurs vives et tranchantes, une espèce de manteau d'une seule pièce d'étoffe extrêmement large, ou bien une sorte d'habit très ample ressemblant un peu à une redingote. Le manteau est plus en usage; ils attachent une des extrémités autour des reins avec une ceinture, ils ramènent le reste sur les épaules et l'attachent sur la poitrine avec une brochette, ou bien ils tiennent les deux bouts dans la main gauche.

Les femmes sont vêtues à peu près de la même manière, elles portent également des mocassins, des pantalons, des chemises courtes et une couverture sur les épaules, mais elles ne l'attachent point autour du corps et la laissent tomber assez bas pour leur

couvrir les jambes. Elles portent un petit jupon fort
étroit qui ne leur descend qu'aux genoux. Lorsqu'elles se parent, elles couvrent entièrement le haut
de leur chemise attachée au col, de petites plaques
d'argent, de la forme d'une pièce de dix sous, et elles
mettent une immense quantité de rubans de diverses
couleurs derrière la tête, sur leurs cheveux qu'elles
laissent tomber jusqu'aux talons ; elles portent aux
oreilles et aux poignets, des anneaux d'argent ; ceux
des oreilles sont en général très petits, mais le nombre en est illimité ; pour les faire entrer, elles se percent l'oreille de plusieurs petits trous et quelquefois
même tout autour.

Lorsque les Indiens vont à la guerre, ils cherchent
à se rendre aussi horribles que possible et ils y
réussissent à merveille. Après s'être frotté le corps de
graisse, ils se peignent avec du rouge, du noir et du
blanc, de sorte qu'ils ressemblent beaucoup plus à des
diables qu'à des créatures humaines. Ils portent toujours sur eux un petit miroir afin de remettre des
couleurs lorsqu'ils en manque. Ils passent beaucoup
de temps à leur toilette et ne s'occupent guère d'embellir leurs habitations vraiment misérables. Quelques-unes sont construites avec des souches, à peu près
de la même manière que les maisons ordinaires des
États-Unis ; mais la plupart sont faites de l'écorce de
bouleau. Ils dépouillent un arbre avec tant d'adresse,
que souvent ils en enlèvent d'une seule pièce toute
l'écorce. La charpente de ces huttes est en poutres

déliées, sur lesquelles ils fixent les morceaux d'écorce avec les filaments des jeunes arbres. Si l'ouvrage est bien fait, une telle demeure met parfaitement à l'abri des injures de l'air. Quelques-unes de ces huttes ont, de chaque côté, des murs ou parois, des portes, et une ouverture pratiquée au milieu du toit pour laisser échapper la fumée. D'autres sont ouvertes d'un côté, et ne sont que de mauvais hangars. Lorsque l'on en construit de cette dernière forme, on les dispose ordinairement, quatre à quatre, le côté ouvert donnant dans l'intérieur du carré, au milieu duquel on allume un feu qui sert en commun; mais il est affreux de les habiter dans un hiver rigoureux. Plusieurs tribus Indiennes n'ont aucune résidence; elles se transportent d'un lieu à un autre, et dans la saison de la chasse, elles forment des camps dont les huttes peuvent à peine garantir de la neige ou de la pluie. La chasse commence à la chute des feuilles, et finit à la fonte des neiges.

Dans le fort de l'hiver, les Indiens se construisent des huttes avec la neige même, lorsque la gelée l'a rendue solide, et celle qui forme le toit, est soutenue par une claie. Une telle habitation met parfaitement à l'abri du vent, et un lit de neige n'est pas désagréable.

FIN.

Limoges. — Imprimerie F. F. Ardant frères.

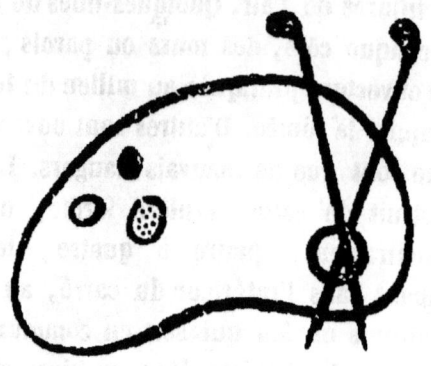

www.ingramcontent.com/pod-product-compliance
Lightning Source LLC
Chambersburg PA
CBHW071858160426
43198CB00011B/1151